insel taschenbuch 2750
Goethe und Lenz

GOETHE UND LENZ

DIE GESCHICHTE EINER ENTZWEIUNG

Eine Dokumentation.
Herausgegeben von
Matthias Luserke

Insel Verlag

insel taschenbuch 2750
Erste Auflage 2001
Originalausgabe
© Insel Verlag Frankfurt am Main und Leipzig
Vertrieb durch den Suhrkamp Taschenbuch Verlag
Umschlag nach Entwürfen von Willy Fleckhaus
Satz: Hümmer GmbH, Waldbüttelbrunn
Druck: Nomos Verlagsgesellschaft, Baden-Baden
Printed in Germany

1 2 3 4 5 6 – 06 05 04 03 02 01

INHALT

Vorwort 9

Briefe zwischen Lenz und Goethe 39
Goethe über Lenz 49
Goethe über Lenz in »Dichtung und Wahrheit« 57
Lenz über Goethe 68
Nachlaßblatt von Lenz 78
Lenz, Der Waldbruder 79
Lenz, Über Götz von Berlichingen 119
Lenz, Briefe über die Moralität der Leiden des
    jungen Werthers 125
Lenz, Pandämonium Germanikum 147
Lenz, Lyrik 176
    Wo bist du itzt? 176
    Ach bist du fort? 176
    Die Liebe auf dem Lande 178
    Freundin aus der Wolke 181
    In einem Gärtchen am Contade 182
    Über die deutsche Dichtkunst 183
    Nachtschwärmerei 186
    Der Wasserzoll 189
    An die Sonne 189
    Die erwachende Vernunft 189
    Süsse Schmerzen meiner Seele 190
    Tantalus 190
Goethe, Dritte Wallfahrt nach Erwins Grabe 198

Nachweis der Erstdrucke 199

VORWORT

Jakob Haringer (1898-1948), der 1925 und 1927 jeweils auf der Kandidatenliste für den Kleist-Preis stand,[1] schrieb 1929 folgende Sottise: »Warum nimmt sich keiner von diesen Hornochsen Zeit einmal das ganz schurkische, miserable, dreckige Rotzbubenverhalten dieses Mädchen für Alles der Welt- (und was für Einer!!) – literatur (und was für Einer!!), dieser Geistfabrik, dieser Automatenmaschine, gegen [...] Lenz, [...] gegen all die Großen, die im kleinen Finger mehr Herz und Dichtung hatten als der ganze Stinkkerl, zu zeichnen.«[2] Das Zitat geht noch unflätiger weiter, kein Geringerer als Goethe ist damit gemeint. Lenz habe er beschmutzt, so Haringer an anderer Stelle,[3] er ›verwendet‹ (stiehlt) eben alles, alles, Alles – Alles. Ob es nun die Volkslieder [...] Lenz [...] oder überhaupt irgendwas Gedrucktes«.[4] Dieses Beispiel mag zeigen, wie sehr sich sowohl der Ton als auch die wissenschaftliche Aufklärung über Lenz und Goethe heute geändert haben. Leicht hat es Lenz mit Goethe oder Goethe mit Lenz nicht gehabt. Der Schatten des konkurrierenden Bruders ist bis in unsere Tage mächtig, vielleicht nicht mehr übermächtig, wie im letzten Jahrhundert, dem verflossenen zwanzigsten. So führte beispiels-

---

1 Vgl. Der Kleist-Preis 1912-1932. Eine Dokumentation. Hg. v. Helmut Sembdner. Berlin 1968, S. 89 u. 98, Haringer erhielt den Preis aber nie, wie fälschlich bei Haringer: Leichenhaus, S. 3, zu lesen ist.
2 Jakob Haringer: Leichenhaus der Literatur oder Über Goethe. [¹ 1929]. 2. Aufl. Berlin 1983, S. 13.
3 Vgl. Haringer: Leichenhaus, S. 21.
4 Haringer: Leichenhaus, S. 22.

weise ein großes Antiquariat Erstausgaben von Lenz aus-
gerechnet im Spezialkatalog zum Goethe-Jahr 1999 mit
dem Titel *Goethes Welt*. Was die Preise betrifft, kann Lenz
inzwischen mit Goethe-Erstausgaben mithalten. Für den
Hofmeister und die *Anmerkungen übers Theater* werden jeweils
7500 DM verlangt, für die dreibändige Lenz-Ausgabe von
Tieck 6000 DM.

»Lenz bester Junge. Grüß Göthen« (WuBr 3, S. 440).[5]
Die Geschichte der beiden Dichter, deren Namen Herder
in einem Brief an Lenz vom April 1776 so unbeschwert ne-
beneinanderstellt, war zu diesem Zeitpunkt bereits die Geschichte einer schleichenden Entzweiung. Jakob Michael
Reinhold Lenz wird am 23. Januar 1751 in Seßwegen (Liv-
land) geboren. Sein Vater ist dort Pfarrer. Auch der Sohn
beginnt 1768 mit dem Theologiestudium, doch interessie-
ren ihn an der Universität Königsberg eher die Vorlesungen
Kants. Er wird später nur zweimal predigen, soweit uns die
Daten überliefert sind. Einmal in Sesenheim auf Einladung
von Friederike Brions Vater, das andere Mal im Steintal in
der Kirche des Pfarrers Oberlin. Im Frühjahr 1771 bricht er
das Studium ab und begleitet die Barone Friedrich Georg
und Ernst Nikolaus von Kleist nach Straßburg. Goethe
und Herder hatten sich im Spätsommer 1770 dort in einer
Gruppe um den Aktuar Salzmann kennengelernt. Aus dieser Verbindung von Literaten und Literaturinteressierten

5 Die Briefe und Werke von Lenz werden nach folgender Ausgabe zitiert:
Jakob Michael Reinhold Lenz: Werke und Briefe in drei Bänden. Hg. von
Sigrid Damm. München, Wien 1987. – Zur Lebens- und Werkgeschichte
von Lenz informiert zuverlässig Hans-Gerd Winter: J. M. R. Lenz.
2. überarbeitete u. aktualisierte Aufl. Stuttgart, Weimar 2000, und Curt
Hohoff: Jakob Michael Reinhold Lenz in Selbstzeugnissen und Bilddo-
kumenten. Reinbek b. Hamburg 1977 u. ö. Zum jungen Goethe vgl.
meine Darstellung *Der junge Goethe. Ich weis nicht warum ich Narr soviel
schreibe* (Göttingen 1999), auf die ich mich im folgenden stütze.

ging das hervor, was als die Straßburger Sturm-und-Drang-Gruppe, zu der auch Lenz und Wagner gehören, Literaturgeschichte schreiben wird. Im Sommer 1774 lernt Lenz Johann Georg Schlosser kennen, der als Hof- und Regierungsrat des Markgrafen Karl Friedrich von Baden und Oberamtsverweser der Markgrafschaft Hochberg im badischen Emmendingen lebt und mit Goethes Schwester Cornelia verheiratet ist.[6] Im selben Jahr erscheinen von Lenz vier Bücher im Druck, die zum Teil große Aufmerksamkeit erfahren. Lenz war nun als Dichter bekannt. Man sprach über seine Literatur, aber man verwechselte ihn auch mit Goethe, der mit seinem *Götz von Berlichingen* (1773) und den *Leiden des jungen Werthers* (1774) die neue Literatur des Sturm und Drang populär gemacht hatte. Lenz machte vor allem als Jungdramatiker von sich reden. 1774 erschienen die *Anmerkungen übers Theater*, eine Art dramentheoretischer Grundlegungsschrift des Sturm und Drang, ferner die Dramen *Der Hofmeister* und *Der neue Menoza* sowie seine Bearbeitungen *Lustspiele nach dem Plautus fürs deutsche Theater*. Das Schauspiel *Die Soldaten*, das auch heute noch gespielt wird, folgte 1776.

Jakob Michael Reinhold Lenz und Johann Wolfgang Goethe begegnen sich erstmals in Straßburg. Zuvor hatte sich der junge Goethe in Frankfurt aufgehalten, und er wußte bereits als Einundzwanzigjähriger selbstbewußt niederzuschreiben: »Ich binn anders.«[7] Dieses Anderssein äußert sich auch lite-

---

6 Vgl. Petra Maisak: »Sein Haus, ein Sammelplatz für Deutschland's Edle«. Johann Georg Schlosser, Goethes Schwester Cornelia und ihre Freunde in Emmendingen. Marbach a. N. 1992.

7 Goethes Briefe und Briefe an Goethe. Hamburger Ausgabe in 6 Bänden. Hrsg. von Karl Robert Mandelkow. München 1988: Johann Wolfgang von Goethe: Briefe. Band 1: Briefe der Jahre 1764-1786. Textkritisch durchgesehen und mit Anmerkungen versehen von Karl Robert Mandelkow unter Mitarbeit von Bodo Morawe. München 1988, S. 106.

rarisch, Straßburg wird für ihn zum Ort dieses literarischen Neubeginns. Mit Goethes Straßburger Aufenthalt in den Monaten zwischen April 1770 und August 1771 ist in der Literaturgeschichte besonders das Stichwort der *Sesenheimer Lieder* verbunden. Diese Lyrik (auch *Sesenheimer Gedichte* genannt) entstand in der Zeit zwischen 1770 und 1771. Handschriften von Goethe zu den Gedichten sind nicht erhalten. Erst 1835 ›entdeckte‹ der Student Heinrich Kruse diese Lieder. Als er sich bei der jüngsten Schwester von Friederike Brion, Goethes Sesenheimer Liebe, zu einem Besuch aufhielt, zeigte diese ihm eine Manuskriptsammlung, die insgesamt zehn Gedichte enthielt. Diese Texte hatten teils Goethe selbst, teils Friederike Brion und teils wiederum andere geschrieben oder schriftlich festgehalten. Ein weiteres Gedicht wurde Kruse mündlich mitgeteilt. Die Goethe-Philologie hat zwei Gedichte und einzelne Strophen Goethes Straßburger Freund Jakob Michael Reinhold Lenz zugeschrieben. Die Ungewißheit aber bleibt, welche Gedichte und Gedichtanteile tatsächlich von Goethe selbst stammen und welche Lenz zum Verfasser haben. Exakte Beweise kann man kaum anführen, und unsicher ist auch der Zeitpunkt, zu dem diese Gedichte niedergeschrieben wurden und wie viele dieser Gedichte tatsächlich von Goethes eigener Hand sind, welche gar nicht von ihm stammen und an wie vielen und welchen Lenz in irgendeiner Form ›mitgearbeitet‹ hat. In Lenz findet Goethe jedenfalls einen kongenialen Partner. So wenig die Literatur des Sturm und Drang ohne die Begegnung zwischen Herder und Goethe in Straßburg denkbar wäre, so wenig hätte diese Literatur ohne die Freundschaft zwischen Lenz und Goethe entstehen können.

Das Licht der Öffentlichkeit erblickten die *Sesenheimer Lieder* zu höchst unterschiedlichen Zeiten. Zwischen 1775 und 1840 erst wurden sie einzeln gedruckt. Nur zwei Gedichte (*Es Schlug mein Herz* und *Kleine Blumen*) hat Goethe in seine späteren Werkausgaben übernommen. Goethe berichtet in einem Brief vom 28. September 1779 an Charlotte von Stein davon, daß er anläßlich seiner zweiten Schweizer Reise (die erste Reise hatte er 1775 unternommen) nochmals Sesenheim besucht habe und ihm dort seine Gedichte gezeigt worden seien.

Von dem berühmten ersten Gedicht der *Sesenheimer Lieder* mit dem Titel *Erwache Friedericke* werden nur drei Strophen Goethe zugeschrieben, die restlichen drei sollen von Lenz stammen:

>»Erwache Friedericke
>Vertreib die Nacht
>Die einer Deiner Blicke
>Zum Tage macht.
>Der Vögel sanft Geflüster
>Ruft liebevoll
>Daß mein geliebt Geschwister
>Erwachen soll
>
>[Ist Dir Dein Wort nicht heilig
>Und meine Ruh?
>Erwache! Unverzeihlich!
>Noch schlummerst Du!
>Horch Philomelens Kummer
>Schweigt heute still
>Weil Dich der böse Schlummer
>Nicht meiden will.]
>
>Es zittert Morgenschimmer
>Mit blödem Licht
>Errötend durch Dein Zimmer

Und weckt Dich nicht.
Am Busen Deiner Schwester
Der für Dich schlagt
Entschläfst Du immer fester
Je mehr es tagt.

[Ich seh Dich schlummern, Schöne
Vom Auge rinnt
Mir eine süße Träne
Und macht mich blind
Wer kann es fehllos sehen
Wer wird nicht heiß
Und wär er von den Zehen
Zum Kopf von Eis!]

[Vielleicht erscheint Dir träumend
O Glück mein Bild
Das halb im Schlaf und reimend
Die Musen schilt
Erröten und erblassen
Sie sein Gesicht:
Der Schlaf hat ihn verlassen
Doch wacht er nicht.]

Die Nachtigall, im Schlafe
Hast Du versäumt:
So höre nun zur Strafe
Was ich gereimt
Schwer lag auf meinem Busen
Des Reimes Joch.
Die schönste meiner Musen,
Du – schliefst ja noch.«
(FA I/1, S. 132 f.)

14

Betrachten wir diese ›Sesenheimer Konstellation‹ etwas genauer. Im Oktober 1770 lernt Goethe Friederike Brion (1752-1813) kennen. Zwischen dem 18. Mai und dem 21. Juni 1771 hält er sich für insgesamt fünf Wochen in Sesenheim als Gast des dortigen Pfarrers, Friederikes Vater, auf. Im Juni 1771 begegnet er Lenz, und Anfang August 1771 nimmt er Abschied. Goethe schreibt in den Monaten Mai und Juni 1771 seinem väterlichen Freund Salzmann nach Straßburg Briefe. Auch Lenz zieht wenig später Salzmann ins Vertrauen, berichtet ihm detailliert über sein Liebesabenteuer mit Friederike und stellt weitere Details mündlich in Aussicht. Salzmann ist für beide Jungautoren gleichermaßen Beichtvater und Freund. Im ersten Brief an ihn kommt Lenz gleich auf eine Episode zu sprechen, die als Vorverständnis ausschlaggebend ist für die Begegnung mit Friederike Brion. Er stellt die grundsätzliche Frage: »Was ist der Mensch?«, um dann fortzufahren: »Ich erinnere mich noch wohl, daß ich zu gewissen Zeiten stolz einen gewissen G. [= Goethe] tadelte und mich mit meiner sittsamen Weisheit innerlich brüstete, wie ein welscher Hahn, als Sie mir etwas von seinen Torheiten erzählten« (WuBr 3, S. 254). Das schreibt Lenz, der die Zeit zwischen Mai 1771 und März 1776 in Straßburg oder Umgebung verbringt, am 3. Juni 1772, also ziemlich genau zwölf Monate nach Goethes Aufenthalt in Sesenheim. Salzmanns weise Lehren, wie Lenz sie nennt, betreffen vor allem Verhaltensnormen, religiöse und moralische Überlegungen. Salzmann wird diese Ansichten 1776 mit Hilfe Goethes unter dem Titel *Kurze Abhandlungen über einige wichtige Gegenstände aus der Religions- und Sittenlehre* veröffentlichen. Die Leidenschaften mit Vernunft beherrschen, das ist das Programm der Lebensführung und der Selbstbändigung, welches Salzmann vertritt. Und so wundert es nicht, daß sich Lenz beständig über seine Liebe zu Friederike selbst Rechenschaft ablegt, indem er sich vor Salzmann rechtfertigt. »Ich bin kein Verführer, aber auch kein Verführter«, stellt er gleich am 3. Juni 1772 an Salzmann klar, Friederike bezeichnet er als sein »zweites Ich« (WuBr 3, S. 255). Von Salzmann erhofft er sich Heilung seiner Liebesangelegenheiten. Ein Schuldzusammenhang zwischen der Zuneigung zu Friederike Brion und den moralischen Normen der Zeit ist bei beiden Verliebten, Lenz und Goethe, gegeben.

Wie eine chiffrierte Antwort klingt jenes Gedicht von Lenz, das 1775 anonym unter dem Titel *Freundin aus der Wolke* in der *Iris* erscheint, also in jener Zeitschrift, die Goethes Gedichte aus der Sesenheimer und Straßburger Zeit abdruckt. Einige dieser Gedichte schreibt Goethe aus dem Gedächtnis auf und schickt sie an Johann Georg Jacobi, den Herausgeber der *Iris*. »Können Sie's brauchen, so setzen Sie verschiedene Buchstaben drunter, sagen niemand was davon, so haben die Herrn und Damen was zu rathen. [...] Interpunctiren Sie doch die Liedgen, wie's dem Leser am vortheilhaftesten ist«,[8] schreibt er ihm am 1. Dezember 1774. Das Gedicht *Freundin aus der Wolke* von Lenz ist mit »P.« unterzeichnet, eine Chiffre, die auch Goethe benutzt. Im Druckfehlerverzeichnis der Zeitschrift wird dies aber in »L.« korrigiert. Irrtum oder Absicht? Denn daß das Gedicht auch tatsächlich von Lenz stammt, ist keineswegs sicher, noch mehr, Lenz' Autorschaft kann nicht bewiesen werden.[9] Goethe leitet »ein Zweig aus Lenzens Goldnem

---

8 Goethes Werke. Hg. im Auftrage der Großherzogin Sophie von Sachsen. 133 Bde. Weimar 1887-1919. IV/2, S. 211.

9 Franz Blei hat in seiner Lenz-Ausgabe knapp die wechselvolle Zuschreibungsgeschichte skizziert (Jakob Michael Reinhold Lenz: Gesammelte Schriften. Hg. v. Franz Blei. München, Leipzig 1909, Bd. 1, S. 509). Vgl. auch Gedichte von J. M. R. Lenz. Mit Benutzung des Nachlasses Wendelins von Maltzahn hg. v. Karl Weinhold. Berlin 1891, S. 266 f.

herzen«[10] Anfang März 1775 zum Druck in der *Iris* weiter. Vielleicht jenes Gedicht *Freundin aus der Wolke*, das dann im Juli erscheint? *Freundin aus der Wolke* ist ein Rollengedicht, das aus der Perspektive Friederikes spricht:

> »Wo, du Reuter,
> Meinst du hin?
> Kannst du wähnen
> Wer ich bin?
> Leis' umfaß ich
> Dich als Geist,
> Den dein Trauren
> von sich weist.
> Sei zufrieden
> Göthe mein!
> Wisse, ietzt erst
> Bin ich dein; Dein auf ewig
> Hier und dort –
> Also wein mich
> Nicht mehr fort.«
> (WuBr 3, S. 100)

Ist es bei Lenz die Frau, die Trost spendet, so bei Goethe der Text. Der Text vertritt die Frau, der geschriebene Text solle trösten, das bleibt für Goethe ein Leitmotiv. Er wird diese Ansicht dem *Werther* sogar als direkte Leseranrede voranstellen.

Auffallend ähnlich lauten auch diese Gedichte. In den *Sesenheimer Liedern* liest man:

10 WA IV/2, S. 238.

> »Dem Himmel wachse entgegen
> Der Baum, der Erde Stolz.
> Ihr Wetter, Stürm' und Regen,
> verschont das heilige Holz!
> Und soll ein Namen verderben,
> So nehmt die Obern in Acht!
> Es mag der Dichter sterben,
> Der diesen Reim gemacht.«
> (FA I/1, S. 133 f.)

Ein Gedicht von Lenz, das den gleichen Ton anschlägt, hat diesen Wortlaut:

> »Dir, Himmel, wächst er kühn entgegen.
> Sieh du ihn an, so steht er fest.
> Nichts gleichet dem Vermögen,
> Das sich auf dich verläßt.«
> (WuBr 3, S. 101).

Möglicherweise hat Lenz das Original von Goethe am Baum in Sesenheim gelesen und abgeschrieben oder, nach Straßburg zurückgekommen, flüchtig aus dem Gedächtnis ein paar Zeilen notiert, vielleicht einfach auch nur weitergedichtet? Die Vorstellung einer individuellen Autorschaft löst sich mehr und mehr auf hin zu einer ›Arbeitsgemeinschaft‹, so dicht ist die Kommunikation zwischen beiden Autoren über das unmittelbare mündliche Gespräch hinaus. Es ist ein Gleichklang der Denkungsart, der uns auch heute noch in Erstaunen versetzt. Lenz verfaßt ein verlorengegangenes Manuskript *Unsere Ehe*, das schon im Titel die Intensität der Nähe, geradezu ein symbiotisches Freundschaftsverhältnis, bezeichnet. Auch mit seinem Freund Merck wird Goethe während der Darmstädter Zeit eine sol-

18

che intensive Arbeitsgemeinschaft eingehen. In einem Brief an Herder vom 5. Dezember 1772 etwa schreibt Goethe: »Merck versifiziert und druckt. Wir bespiegeln uns in einander und lehnen uns an einander, und theilen Freud und Langeweile auf dieser Lebensbahn.«[11] Später wird Lenz diese Bespiegelungsmetapher im *Pandämonium Germanikum* (1775) gebrauchen, um sein Verhältnis zu Goethe – nun kritisch – zu beschreiben. Für Lenz ist Goethe in der *Moralischen Bekehrung eines Poeten* von 1775 »erster Gespiele meiner Jugend« (WuBr 2, S. 353). Und über die Außenwahrnehmung dieser Gemeinschaft notiert Lenz: »Ich halte es für ein großes Unrecht das ich leide wenn man ihm meine Werke zuschreibt, da ich doch bedenken sollte, daß sie unter keinem anderen Namen sich so würden produziert haben, daß bloß sein Name die Leser aufmerksam und begierig, die Kunstrichter bescheiden und ehrerbietig gegen diese armen Kinder meiner Laune gemacht […] o mein Goethe! mein Goethe, daß Du mich nie gekannt hättest« (WuBr 2, S. 345).

Die meisten Texte der Sturm-und-Drang-Autoren erscheinen nicht von ungefähr anonym. Das Beispiel der – keineswegs willentlichen – Arbeitsgemeinschaft Goethe und Lenz am Beispiel der *Sesenheimer Lieder,* die bis zur völligen Auflösung individueller Autorkonturen geht, hat die Literatur- und Bildungsgeschichte trotz aller Verluste so bewahrt, daß sie für uns heute noch literarisch zu erfahren ist. Lenz war in den 1770er Jahren der einzige Autor, der dem jungen Goethe literarisch den Schneid abkaufen konnte. Das ist in der langen Geschichte der Goethe-Verehrung oftmals vergessen worden. Seinen Ursprung hat dieser Goethe-Kult schon im 18. Jahrhundert. Bereits die jugendlichen

11 WA IV/2, S. 43.

Zeitgenossen Goethes stilisierten den Freund und Schriftsteller zu jenem Wesen, das sich durch Unnahbarkeit und Genialität auszeichnet, das in seiner Unbeschreiblichkeit allen Beschreibungsversuchen trotzt. Sie versehen ihn mit jener Aura, die bis heute oftmals den vorurteilsfreien Zugang zu seinen Texten versperrt. Natürlich trug der *Werther* maßgeblich dazu bei, dieses Bild in der Öffentlichkeit zu festigen. Der *Werther* wird für den jungen Goethe unfreiwillig zum Medium seiner Popularisierung. Doch zeigen bereits die Briefe an Goethe der Jahre vor 1774, daß der Freundeskreis dieses Bild mit vorbereiten und festigen half. Caroline Flachsland (1750-1809), Herders spätere Frau, spricht 1772 euphorisch-freundschaftlich von ›unserm Goethe‹, der dann meist noch als lieber und guter Goethe betitelt wird.[12] Im August 1773 lesen wir bei Johann Kaspar Lavater (1741-1801): »Schreiben Sie, was Sie immer schreiben wollen. Sie werden immer der Einzige in Ihrer Art sein.«[13] Diese Lizenz zur Genialität ist verbunden mit einer Immunisierungsstrategie. Der junge Goethe wird als Genie ausgelobt und so der Kritik von vornherein entzogen. Hier liegen die Ursprünge des Goethe-Kults, der nicht mehr an der Auseinandersetzung mit dem Werk interessiert ist, sondern nur noch die Heiligsprechung der Person jenseits des zeitbedingten Freundschaftskultes verfolgt. Gottfried August Bürger (1747-1794) spricht vom ›freien Goethe‹,[14] Rätsel und Offenbarung zugleich ist Goethe nochmals für Lavater.[15] Doch der junge Goethe weist diese Versuche

---

12 Briefe an Goethe. Band 1: Briefe der Jahre 1764-1808. Gesammelt, textkritisch durchgesehen und mit Anmerkungen versehen von Karl Robert Mandelkow. München 1988, Bd. 1, S. 11.

13 Briefe an Goethe, Bd. 1, S. 12.

14 Vgl. Briefe an Goethe, Bd. 1, S. 13.

15 Vgl. Briefe an Goethe, Bd. 1, S. 18.

entschieden zurück. »Wenn du einen Messias brauchst, so halte dich an dem [!], der dir von immer quellendem Wasser versprochen hat«,[16] entgegnet er energisch Lavater. Einen ersten Höhepunkt dieser schleichenden Verkultung, die durchaus als Frühform der modernen Ikonenbildung in Film, Musik und Showbusiness gelten kann, stellt sicherlich folgendes Gedicht Lavaters auf Goethe dar:

> »O belebe mich, und töte
> Meine Schwachheit; starker Goethe!
> Laß mich suchen, laß mich finden!
> Gib mir Nahrung zum Empfinden,
> Gib mir Licht und gib mir Wärme,
> Wenn ich kalt bin, wenn ich schwärme
> Gib mir deine besten Freuden!
> [...]
> Laß dich gläubig nur berühren –
> Und wir werden lebend spüren:
> Sieh uns wenn wir zu dir nahn,
> Brüderlich und segnend an.
> Amen.«[17]

Lenz ist wiederum derjenige, der auf diese Situation sehr hellsichtig reagiert und in einem Briefgedicht an Goethe vom Juli 1774 Gott um Beistand für ihn bittet:

> »Gibst mir ein, ich soll dich bitten
> wie der König Salomo.
> Herr, ach, Herr, was soll ich bitten,
> Seh hinauf zu deinem Himmel,
> bitt' um dieses Stückgen Himmel!

16 Briefe an Goethe, Bd. 1, S. 19.
17 Briefe an Goethe, Bd. 1, S. 22.

u: ein wenig Sonnenschein!
aber laß mir Bruder Goethe,
den du mir gegeben hast.
Dessen Herz so laut zu dir schlägt.
o für ihn bitt' ich mit Tränen
halt ihm nur den Rücken frei
Platz wird er sich selber machen
nur beschirm mit deinem Schilde
Ihn vor Feinden, mehr vor Freunden
die an seinen Arm sich henken
u: den Arm ihm sinken machen.
ach! bewahr ihn nur vor Freunden
die ihn nicht verstehn, u: gerne
Ihn zu ihrem Bilde machten.
oder kanns nicht sein, so mache
mich nur nicht zu seinem Freunde!«

(WuBr 3, S. 114)

Die Erhöhung Goethes geht bei den meisten Freunden aber mit einer auffälligen Selbsterniedrigung einher. Für Lavater ist Goethe noch sein Lehrer,[18] Bürger hingegen bezeichnet sich schon als ›Nichts‹,[19] und Lenz nennt sich gar im Brief an Goethe vom Februar 1775 einen »kleinen Dreckhaufen« (WuBr 3, S. 306), und an anderer Stelle beschimpft er sich selbst als »der stinkende Atem des Volks« (WuBr 3, S. 333).

Lenz verbindet mit Goethe anfänglich eine enge Freundschaft. Zwar lernt er ihn erst im Juni 1771 kennen, und Goethe verläßt bereits im August wieder Straßburg. Doch entsteht ein reger brieflicher und literarischer Austausch.

18 Vgl. Briefe an Goethe, Bd. 1, S. 19.
19 Vgl. Briefe an Goethe, Bd. 1, S. 45.

Als Goethe sich auf jener ersten Schweizreise befindet, die insgesamt vom 14. Mai bis 22. Juli 1775 dauert, wird Lenz von ihm in Straßburg besucht. Vorausgegangen ist allerdings eine erste Irritation zwischen den Freunden. Goethes Liebe zu Lili Schönemann scheint ihn so einzunehmen, daß sich Klagen seiner Freunde über die unterbrochene Kommunikation häufen. »Goethe schweigt auch gegen mich« (WuBr 3, S. 309), schreibt Lenz am 8. April 1775. Dieses Schweigen ist bereits Vorbote für manche berufliche, private und literarische Veränderung seines Freunds. Aber noch Anfang Juni trägt sich Goethe in das Stammbuch von Lenz ein. Auf Goethes Rückreise besuchen beide gemeinsam das Straßburger Münster. Das Wort von den »zwei tollen Dichter Herzen«,[20] als die Goethe sich selbst und Lenz in jenem Stammbucheintrag charakterisiert, wurde schon in einem vorweggenommenen, brieflichen Selbstbekenntnis Goethes vom 21. November 1774 korrigiert: »Ich allein kann *erfinden*.«[21] Der Autor des *Werthers* wird keinen Zweifel daran lassen, wer der wahre, der bessere Dichter ist. Zwischen dem 24. und 26. Mai 1775 hält sich Goethe in Straßburg auf. Die Tage vom 27. Mai bis zum 5. Juni 1775 verbringen Lenz und er dann in Emmendingen bei den Schlossers. Eine nicht ganz unproblematische Konstellation, denn Lenz verliebt sich in Cornelia. In seiner *Moralischen Bekehrung eines Poeten* versucht er dies literarisch aufzuarbeiten. Freilich muß daran gezweifelt werden, ob Lenz überhaupt an eine Veröffentlichung jemals gedacht hat. Denn dieser Text wird zu Lebzeiten beider Autoren nicht gedruckt. Erst 1889 erfolgt die Veröffentlichung.

Am 13. Juli 1775 hatte Goethe diese Zeilen der *Dritten Wallfahrt* geschrieben, als er auf dem Turm des Straßburger

20 FA I/1, S. 168.
21 Goethe: Briefe, Bd. 1, S. 174.

Münsters auf Lenz wartete: »Tausend Menschen ist die Welt ein Raritätenkasten, die Bilder gaukeln vorüber und verschwinden, die Eindrücke bleiben flach und einzeln in der Seele, drum lassen sie sich so leicht durch fremdes Urteil leiten, sie sind willig die Eindrücke anders ordnen, verschieben und ihren Wert auf und ab bestimmen zu lassen.«[22] Der Blick von oben, der distanzierte Blick, mag schon Goethes Abkehr vom Sturm und Drang ankündigen. Nach außen hin wird dies dann vollzogen durch seinen Wechsel am 7. November 1775 an den kleinen Weimarer Hof um Herzog Carl August. Lenz findet zu dieser Zeit kein Auskommen mehr in Straßburg. Seit Herbst 1774 versucht er seinen Lebensunterhalt als freier Schriftsteller zu verdienen, den Dienst bei den adligen Militärs von Kleist hat er quittiert. Aber Schulden und eine unglückliche, weil nicht standesgemäße Liebe zu der adligen Straßburgerin Henriette von Waldner zwingen ihn, die Hoffnungen auf ein berufliches und ökonomisches Auskommen auf Goethe in Weimar zu richten.

Das Gedicht *Nachtschwärmerei*, das Lenz aus Straßburg Goethe nach Weimar schickt, kann als ein letztes poetisches Denkmal dieser Freundschaft gelesen werden. Zunächst ist es gekennzeichnet von einer tiefen Todessehnsucht. Verzweiflungsvoll sehnt Lenz den Tod herbei. »Lieber Göthe! Der Freunde erster / Ach dann siehst du mich nicht mehr« (WuBr 3, S. 121). Doch indem nur Goethe und der unbekannten »Albertine« die Macht zugesprochen wird, den Verfasser vom Tod abzuhalten, ja, nur die Freundschaft zu diesen beiden Personen stärker ist als der Tod, unterstreicht Lenz die existentielle Bedeutung, die für ihn ebendieser Freundschaft zukommt:

22 FA I/18, S. 182.

»Aber Göthe – und Albertine –
Nein ihr reißt mich zur Erde hinunter
Grausame Liebe! ihr reißt mich hinunter.
Reißt denn Geliebte! reißt denn ich folge
Reißt – und macht mir die Erde zum Himmel.«
(WuBr 3, S. 121)

Ein hoher Anspruch, den Lenz da formuliert, und kurz darauf sollte er bitter enttäuscht werden. Ende März 1776
macht er sich »über Hals und Kopf« (WuBr 3, S. 406), wie er
schreibt, auf die Reise nach Weimar. »Ich bin arm wie eine
Kirchenmaus«, teilt er noch von Straßburg aus dem in
Darmstadt wohnenden Freund Johann Heinrich Merck
(1741-1791) mit, »von verschiedenen Sachen, die teils unter
der Presse, teils noch in Göthens Händen sind, hab ich gar
keine Abschrift; die andern sind noch nicht gestaltete Embryonen, denen ich unterwegs Existenz geben will« (WuBr
3, S. 406). Auf dem Weg nach Weimar, wo er sich im Umfeld
des Hofes von Carl August eine Anstellung erhofft, gelangt
er auch nach Mannheim. Im dortigen Antikensaal hat er ein
ähnliches Erlebnis wie Goethe wenige Jahre zuvor. Lenz
schreibt Ende März an Goethe: »Als ich den Antikensaal in
Mannheim sah Bruder Goethe so durchdrung durchbebte
überfiel mich Dein Geist, der Geist alles Deines Tuns und
aller Deiner Schöpfungen mit einem Entzücken dem sich
nichts vergleichen läßt. Ich sah Dich an meiner Seite stehn
ich sah wie sich Dein Blick an den Zähren letzte die ich vor
Laokoon vergoß. [...] Nur Du auf der Rechten und sie die
Hoffnung meiner letzten Seligkeit an meinem Herzen fehlten mir noch um nun wirklich das erstemal die Freuden des
ewigen Lebens zu fühlen« (WuBr 3, S. 417 f.).[23] In Darm-

23 Nebenbei sei angemerkt, daß diese Textpassage doppelsinnig ist. Mit
dem Hinweis auf »sie« können sowohl die Skulpturen im Antikensaal

stadt trifft Lenz Merck. Mit ihm reist er in das nahe Frankfurt weiter. Friedrich Maximilian Klinger, der nur wenig später im Sommer 1776 in Weimar mit der Niederschrift seines Dramas *Sturm und Drang* beginnen und damit dieser literarischen Strömung den Namen geben wird, reitet den beiden in Werther-Tracht entgegen. In Frankfurt besucht Lenz Goethes Eltern, dann setzt er die Reise nach Weimar fort, wo er am 2. April 1776 eintrifft. Unterwegs hatte er brieflich erfahren, daß Henriette von Waldner inzwischen geheiratet hat, ein »Todesstreich« für ihn, er trage »die Hölle im Herzen«: »Mein Schicksal ist nun *bestimmt*, ich bin dem Tode geweiht« (WuBr 3, S. 419), schreibt er etwas pathetisch an Lavater. Von nun an werden die meisten Briefe an ihn ohne genaue Anschrift adressiert. Auf den Kuverts ist statt dessen zu lesen »Herrn Lenz […] bei Dr. Göthen zu erfragen« (WuBr 3, S. 426).

Am 1. Dezember 1776 ist auch diese Episode im Leben des Jakob Michael Reinhold Lenz beendet. Wir wissen bis heute nicht, was genau in Weimar vorgefallen ist und den Anlaß geboten hat, Lenz aus der Stadt auszuweisen. Er begeht zweimal eine »Eseley«, wie es Goethe nennt, die der Forschung Rätsel aufgibt. Die Fakten sind dürr. Beim ersten Mal, in der Nacht vom 24. auf den 25. April 1776, löst »Lenzens Eseley« noch ein »Lachfieber« aus, so beschreibt es Goethe in einem Brief an Charlotte von Stein vom 25. April 1776. Beim zweiten Mal wiederholt Goethe unter dem Datum vom 26. November 1776 in seinem Tagebuch nur die knappen Worte »Lenzens Eseley«.[24]

gemeint sein als auch Henriette von Waldner, denn Lenz wird erst wenige Tage später von deren Heirat erfahren.

24 Johann Wolfgang Goethe: Tagebücher. Historisch-kritische Ausgabe. Bd. I, 1. Hg. von Wolfgang Albrecht und Andreas Döhler. Stuttgart, Weimar 1998, S. 30.

In dieses Bild paßt denn auch der Bericht von Joseph Rückert aus dem Jahr 1799 über die Weimarer Geniejahre: »Die Raserei des Geistes hatte einen so hohen Grad erreicht, daß *Lenz*, der arme, den sein Unstern nach Weimar mitten in den Wirbel hineinführte, bei dem Anblick eines in der Sonne liegenden Kuhfladens in die bekannten ekelhaften Worte ausbrach: ›Welche Wonne ein Kuhfladen zu sein und in der Sonne zu liegen!‹«[25] Auch Böttiger berichtete Sonderbares über das Weimarische Geniewesen, das für ihn eher ein Genieunwesen war: »Da kam aus Reval der seiner Anomalieen wegen von seinem Vater enterbte Lenz (sonst auch Mendoza oder der tolle Lenz genannt). In der größten Sommerhitze trug er einen blauen Sammtrock, und als er im Winter auf der Post reißte, zog er sich, während die andern Passagiere für Frost klapperten, barfuß aus, weil es ihm unausstehlich heiß sei. Bei einem Hofball setzte er einmal die ganze Noblesse in Alarm, als er sich erdreistete, uneingeführt im Ballsaal einzutreten, und ein Fräulein zur Menuet einzuführen. [...] Dieser Lenz hat sich in der Folge noch lange in Deutschland herumgetrieben, und solche Anfälle von Tollheit gehabt, daß er hat gebunden werden müssen.«[26] Lenz erfährt von einem Maskenball bei Hofe, zu dem nur Adlige geladen sind und, wie es bei Böttiger heißt,

25 Joseph Rückert: Bemerkungen über Weimar 1799. Hg. u. mit einem Nachwort versehen v. Eberhard Haufe. Weimar o. J., S. 112. – Über das ›Weimarer Geniewesen‹, an dem sich auch der junge Herzog Karl August lebhaft beteiligte, vgl. das Material, das Bernd Maurach in seinem Aufsatz: Zeitgenosse Goethe. K. A. Böttigers verschmähte kritische Notizen über Goethe, in: Jahrbuch des Freien Deutschen Hochstifts 1978, S. 225-255, teils aus unveröffentlichten Aufzeichnungen Böttigers zusammengetragen hat.
26 Karl August Böttiger: Literarische Zustände und Zeitgenossen. Begegnungen und Gespräche im klassischen Weimar. Hg. v. Klaus Gerlach u. René Sternke. Berlin 1998, S. 35.

»Tanzrecht« haben. Lenz begibt sich dennoch hin, – ein kapitaler Verstoß gegen die Standesetikette. »Es wird ruchbar, daß ein bürgerlicher Wolf unter die Heerde gekommen sei. Alles wird aufrührisch. Der Hofball desorganisirt sich. Der Kammerherr von Einsiedel kommt athemlos zum Herzog herauf, u. erzählt ihm die Geschichte. Dieser befiehlt, Lenzen heraufzuholn, und ließt ihm ein derbes Kapitel. Nun wird er von Fuß auf gekleidet, und bei allen Geniestreichen als plastron [= Stoßkissen zu Übungszwecken beim Fechten] gebraucht. Als man hier nicht länger mit ihm stallen konnte, schickte man ihn fort [...].«[27] Nach dem Februar 1778 liest man dann in einem Brief von Voß an Goeckingk vom 13. 5. 1778: »Bald darauf hörte ich, daß Lenz bey Schloßer verrückt geworden wäre, und an der Kette läge. Wißen Sie etwas nähres?«[28] Weniger umständlich hatte Georg Wilhelm Petersen bereits am 11. 1. 1777 in einem Brief an Nicolai bemerkt: »Die Nachricht von Lenzens Verrückung ist kanonisch.«[29] Und in der Tat, so wurde diese Nachricht, deren Grund ein Gerücht war, zu einem literaturgeschichtlichen Tatbestand. Lenz galt als verrückt, seine Werke als die Werke eines Verrückten, was ihnen a priori – vor aller Inaugenscheinnahme – jegliche ästhetische Qualität absprach. Am Beginn dieser unrühmlichen Reihe steht Johann Jakob Hottinger, der 1777 in den *Brelocken* sein Urteil über Lenz veröffentlichte. Die Stücke *Der Hofmeister, Der neue Menoza* und *Die Soldaten* von Lenz seien »Beweis der Geistesschwäche des Dichters«.[30]

27 Böttiger: Literarische Zustände und Zeitgenossen, S. 46.
28 Johann Heinrich Voß: Briefe an Goeckingk 1775-1786. Hg. v. Gerhard Hay. München 1976, S. 43.
29 Zitiert nach: Martin Sommerfeld: Friedrich Nicolai und der Sturm und Drang. Ein Beitrag zur Geschichte der deutschen Aufklärung. Mit einem Anhang: Briefe aus Nicolais Nachlaß. Halle a. d. S. 1921, S. 278, Anm. 1.
30 Zitiert nach: Burghard Dedner, Hubert Gersch, Ariane Martin (Hg.):

Der Englischunterricht, den Lenz Charlotte von Stein in Weimar gab, gefiel dieser wesentlich besser als Goethes didaktische Versuche. Zumindest stellt dies Lenz so dar, die Stein finde seine Methode besser als die Goethes.[31] Schließlich wird auch Goethes Eifersucht auf Lenz, der in unmittelbarer Nähe jener Frau sein konnte, nach der sich Goethe verzehrte, gewiß eine Rolle gespielt haben. Als die Katastrophe sich bereits vollzogen hat und Goethe für ihn nicht mehr zu sprechen ist, schreibt Lenz unter dem Datum vom 29. November 1776 an den Weimarer Kammerpräsidenten von Kalb: »Ich danke Ihnen mein verehrungswürdiger Freund und Gönner für die unangenehme Bemühung die Sie meinethalben übernommen und versichere daß mir eine Ordre wie die auch wenn ich sie verdienet durch die Hand die sie mir überbrachte, versüßt worden wäre. Da ich aber nach meiner Überzeugung erst gehört werden müßte, ehe man mich verdammte und meine Ehre die mir lieber als tausend Leben ist, mich durch Annehmung dessen was Sie mir von unbekannter Hand hinzugelegt eines mir unbewußten Verbrechens schuldig zu bekennen, nimmermehr erlauben wird, so verzeihen Sie daß ich diese beigefügte Gnade nicht annehmen sondern um Gerechtigkeit bitten darf« (WuBr 3, S. 516). Danach bricht der Brief ab, das zweite Blatt wurde abgerissen. Doch geht aus den erhaltenen Zeilen eindeutig hervor, daß Lenz schriftlich oder mündlich den Befehl (»Ordre«) bekam, Weimar zu verlassen, daß er ferner sich keiner Schuld bewußt war und daß er schließlich noch in der Demütigung Contenance bewahrt, höflich antwortet, und doch schwingt im Bekenntnis seiner Niederlage ein wenig Ironie mit. Immerhin hatte Lenz noch

»Lenzens Verrückung«. Chronik und Dokumente zu J. M. R. Lenz von Herbst 1777 bis Frühjahr 1778. Tübingen 1999, S. 85 (= Büchner-Studien 8).
31 Vgl. den Brief an Goethe vom September 1776, WuBr 3, S. 495.

einen Monat zuvor den Herzog höchstselbst vor dem Ertrinken gerettet – oder war auch dies ihm als Bürgerlichem nicht gestattet? »Der Herzog hat neulich hier einen sonderbaren Zufall gehabt: er fiel von einem Floß im Schloßgraben ins Wasser, ich sprang nach und hatte das Glück ihn, ohne Schaden, heraus zu ziehen« (WuBr 3, S. 504).

Diese Situation, einerseits die Freundschaft mit Goethe um jeden Preis bewahren zu wollen und andererseits bereits den unüberwindbaren Riß zu spüren, schlägt sich auch literarisch nieder. Lenz schreibt das *Pandämonium Germanikum*,[32] eine der eindrucksvollsten Literatursatiren des Sturm und Drang und das wichtigste Dokument der Entzweiungsgeschichte. Im Stück ist zu lesen, »Goethe […] verschwindt« und »Lenz […] antwortet nicht«. Im wirklichen Leben wird es Lenz sein, der verschwindet, und Goethe wird nicht antworten. Dies schreibt Lenz über sich in der dritten Person, und es klingt wie ein Entschluß, wenn er am 28. August 1775 Herder mitteilt: »Meinen […] Freunden ein Rätsel« (WuBr 3, S. 323 f.). Noch zählt Lenz ihn zu ebendiesen seinen Freunden. Das Rätselhafte hatten auch andere festgestellt, freilich als auszeichnendes Etikett, gleichsam als Gütesiegel des Autors Lenz. Boie etwa schreibt an ihn unter dem Datum vom 8. März 1776: »Welch ein Zauberer dieser Göthe! […] und […] Du, zweiter Zauberer!« (WuBr 3, S. 396)

Die gesamte Eingangsszene des *Pandämonium Germanikum* kann als ein Versuch von Lenz verstanden werden, sich

---

32 Vgl. auch die kritische Edition der beiden Handschriften: Jakob Michael Reinhold Lenz: Pandämonium Germanikum. Synoptische Ausgabe beider Handschriften. Mit einem Nachwort hg. v. Matthias Luserke u. Christoph Weiß. St. Ingbert 1993. (= Kleines Archiv des achtzehnten Jahrhunderts, Bd. 17).

über sich selbst und über sein Verhältnis zu Goethe klarzuwerden. Darauf weist schon die parallele Struktur der beiden Redeanteile von Lenz- und Goethe-Figur im Text hin. Goethe eröffnet die Szene mit einer Frage, die Lenz bereits überfordert, er kann sie nicht beantworten. Beide wissen nicht, wo sie sich befinden. Deutlicher als mit der Angabe »Der steil' Berg« kann die Orientierungslosigkeit beider kaum beschrieben werden. Goethe hat also zunächst Lenz nichts voraus. Doch wird bereits die Differenz deutlich. Lenz stellt eine Frage, Goethe antwortet nicht; Lenz möchte verweilen, Goethe geht; Lenz möchte »erzehlen«, Goethe verschwinden. Und tatsächlich verschwindet Goethe. Das Sprechen des Freundes erreicht Goethe nicht mehr, in der Situation der Orientierungslosigkeit läßt der Freund den Freund allein zurück. Obwohl dieser literarische Goethe Antworten erwartet, antwortet er selbst aber nicht. In dem sich nun anschließenden Monolog von Lenz bricht die Differenz vollends auf. Nur dem abwesenden Freund, nur im Sprechen mit sich selbst, kann Lenz mitteilen, was ihm Bedürfnis ist: »Hätt' ihn gern, kennen lernen.« Lenz kennt Goethe nicht, der real gut bekannte Freund wird literarisch als noch ungekannt vorgestellt. Zur ausgelöschten Identität des Freundes Goethe tritt die Desorientierung von Lenz. Was Lenz zu Lebzeiten droht und was sich schließlich realisiert, nämlich das Ausgelöschtwerden aus dem Gedächtnis des Freundes, nimmt der Autor hier vorweg, die drohende Verwirrung des späteren Lebensweges ahnend.

Lenz erklärt die Begegnung mit Goethe zum Phantasma, der Träumende zensiert im Traum die Realität. Lenz erkämpft sich den Zugang zum Berggipfel – als der auch der Gipfel des Ruhms zu verstehen ist – selbst, er wählt nicht denselben Weg wie Goethe. Lenz weist wiederholt auf die

Bedeutung der Kommunikation hin. Das Bedürfnis, mit jemandem reden zu können, jetzt nochmals artikuliert, verweist auf seine zunehmende Isolation. So wie man später dem Autor Lenz bei seinem Aufenthalt in Waldersbach beim Pfarrer Oberlin und in Emmendingen bei Goethes Schwager Schlosser aus Furcht vor unkontrollierbaren Wahnsinnsausbrüchen Papier und Schreibzeug entzieht und ihm damit die Möglichkeit zur Selbsttherapie nimmt, so verweigert im Text der beste Freund Goethe nicht nur die Hilfe, sondern auch das Wort. Während Lenz noch das Solidaritätsgefühl der Straßburger Gruppensituation beschwört (»Goethe, Goethe! wenn wir zusammenblieben wären«) und auch jetzt noch nicht die Realität der Trennung akzeptiert, schwelgt Goethe im unmittelbaren Naturgefühl: »Lenz! Lenz! daß er da wäre – Welch herrliche Aussicht.« Was Goethe sehen will, das sieht er – oder in die Sprache der Freundschaftsbeziehung übersetzt: Wie Goethe Lenz sehen will, so sieht er ihn. Lenz muß die Auslöschung seiner Individualität gewärtigen. Das »Nachdenken«, das Bedenken der realen Situation von Orientierungslosigkeit, Isolation und drohender Trennung, verursacht Lenz physischen Schmerz. Auch dies ist eine erschreckende Vorwegnahme der späteren Biographie. Lenz betont im Schreiben des *Pandämonium Germanikum*, das so gesehen als ein Text der Selbstvergewisserung gelesen werden kann, noch einmal seine Eigenständigkeit als Autor und offenbart damit das äußerst ambivalente Verhältnis zu Goethe. Er hat es nicht nötig, in jemandes Fußstapfen zu treten. Lenz gehört nicht zu den Nachahmern Goethes, die in einer weiteren Szene parodiert werden. Lenz steht gleichrangig neben Goethe. Wenn es ein Dioskurenpaar gibt, dann heißt es Lenz und Goethe. Das ist die Sicht des Textes. Goethe fragt zwar, wo Lenz herkomme, aber Lenz ist es, der die entscheidende

Frage stellt: »Wer bist du denn?« Das eigentliche Rätsel ist demnach nicht Lenz selbst, sondern Goethe. Und Goethe ist derjenige, der die Auskunft über seine Identität verweigert. Diese Beziehungsschieflage legt nun endgültig den Riß zwischen beiden Freunden frei. Goethe spricht den vielsagenden Satz: »Es ist mir als ob ich mich in dir bespiegelte.« Eine eindeutigere narzißtische Figurierung läßt sich kaum denken. Die Funktion des Freundes besteht für Goethe lediglich darin, sich in seiner Selbstliebe durch jenen bestärken zu lassen. Und Goethes Schlußsatz »bleiben wir zusammmen« ist der Wunsch eines Träumenden, den er mit beschwörendem Unterton dem Freund in den Mund legt, obwohl er längst ahnt, daß der Bruch unausweichlich sein wird. Lenz spricht sich selbst im Stück die größere literarische und literaturgeschichtliche Bedeutung zu. Was als schreibende Einheit, als kongeniale Partnerschaft im Sesenheimer Idyll begann, wird nun zerschlagen in eine rivalisierende Genialität zweier Dichter. Das Auslöschen des eigenen Werks und damit der eigenen Identität beginnt bereits mit dem Verbot des Autors Goethe, das *Pandämonium Germanikum* drucken zu lassen. Auf einem Zettel notiert Lenz folgende, an den Freund Goethe gerichtete Erklärung:

»Sie können sich auf mein Ehrenwort verlassen, daß besagtes Blatt mit *meinem guten Willen* niemals veröffentlicht wird. Auch wurde es nur *mit Rücksicht auf einen großen Teil Ihrer Leser* geschrieben, deren Geschwätz im Hinblick auf Sie und Ihre Schriften niemals bis zu Ihnen gelangt. Ich hätte nie geglaubt, daß Dir das irgendwelchen Kummer bereiten könne, ich habe es nur mitgeteilt, um zu sondieren, wie Du diese Dinge aufnehmen würdest, um in Zukunft etwas Vernünftiges darüber sagen zu können. Das sind meine Absichten. *Ich habe alles aufgeboten*, das zu unterdrücken, und kann Dir *im voraus versichern*, daß es niemals das Licht der Welt erblicken wird. Le.« (WuBr 3, S. 836; im Original Französisch.)

So ist die handschriftliche Anweisung von Lenz auf beiden Handschriften zu erklären: »wird nicht gedruckt«. Das gleiche Schicksal erfuhren im übrigen auch die *Briefe über die Moralität der Leiden des jungen Werthers*, die im selben Zeitraum wie das *Pandämonium Germanikum* entstanden sind und die auf Friedrich Heinrich Jacobis und Goethes Einspruch hin nicht veröffentlicht wurden. Die Auslöschung des Dichters Lenz begann. Vielleicht ist jene knappe handschriftliche Notiz von Lenz eine Reaktion auf dieses Vergessenmachen bei Lebzeiten?

Eine Allianz aus Ablehnung, Unverständnis, Eifersucht und Standesdünkel also erzwingt Lenzens Abreise aus Weimar. Er bekommt noch einige Tage Aufschub, doch am 1. Dezember muß er Weimar endgültig verlassen. Unter das Gedicht von Lenz *An die Sonne* setzt Goethe die Bemerkung: »als der Dichter in sein nordisches Vaterland zurückzukehren sich weigerte«.[33] Später wird Lenz feststellen: »Freund Goethe – hat mich wohl vergessen« (WuBr 3, S. 579). Die Erwartungen und Hoffnungen jedenfalls, die Lenz mit der Weimarer Reise verknüpft hatte, erfüllen sich nicht. Er verläßt Weimar in Richtung Süden. Nun beginnt das, was man die Pathologisierung der Person Lenz nennen könnte, der im 19. Jahrhundert dann die Pathologisierung des Autors Lenz folgt. Unkonventionelle Lebensweise, normabweichende Handlungen und Verhaltensauffälligkeiten werden als Krankheitssymptome seelischen Leidens

33 Diese Notiz wurde von Weinhold übermittelt, Gedichte von J. M. R. Lenz, S. 294.

interpretiert. Für die Zeitgenossen und in der Folge für die Literaturgeschichte ist ausgemacht, Lenz ist wahnsinnig. In den zweieinhalb Jahren nach der Ausweisung aus Weimar und bevor er in seine Heimat zurückkehrt, gibt es keinen Kontakt zwischen Lenz und Goethe, sofern wir dies aus den Quellen wissen. Goethes Mutter wird der Herzogin Anna Amalia in Weimar unter dem Datum vom 15. Dezember 1780 mitteilen: »Lentz lebt noch, ist noch närrisch – ist Hoffmeister geworden, wo, habe ich vergeßen.«[34]

»Lenz vegetirte bis an sein Ende fort«,[35] wird Lavater 1794 schreiben. Die Heimatlosigkeit des Dichters, seine Einsamkeit und Verlassenheit – weder von der Familie noch von den ehemaligen Freunden wie Goethe, Herder oder Lavater erfährt Lenz später Hilfe – finden 1792 ihr Ende. Lenz stirbt am 23. oder 24. Mai 1792 in Moskau. Lenz hatte einmal auf die Rückseite eines Gedichtmanuskripts notiert: »Die empfindsamen Herzen lauffen die meiste Gefahr.«[36] Er hatte ein solches empfindsames Herz. Selbst in seinem letzten erhaltenen Brief vom Januar 1792 wehrt er sich dagegen, als Schriftsteller immer noch mit Goethe verglichen zu werden. Die Menschen suchten und fänden »in allen meinen Briefen nichts als unverständliche Worte Poesie und Roman« (WuBr 3, S. 683), schreibt der Schriftsteller, der mit Goethe zu den bedeutendsten Autoren des 18. Jahrhunderts gerechnet werden muß und durch dessen Biographie seit seiner Weimarer Ausweisung ein Riß geht. Bitter klingt es, wenn Lenz am 6. April 1780 von St. Petersburg aus an den Weimarer Freund Friedrich Justin Bertuch schreibt:

34 Die Briefe der Frau Rath Goethe. Gesammelt und herausgegeben von Albert Köster. Leipzig 1976, S. 138.
35 Zitiert nach Blei: Lenz, Bd. 1, S. 531. Dieses Dokument fehlt in der Sammlung »Lenzens Verrückung«.
36 Gedichte von J. M. R. Lenz, S. 294.

»Dem Triumvirat in W.[eimar] darf ich nicht bitten, mich zu empfehlen. Sie haben zu viel zu tun, um an mich zu denken« (WuBr 3, S. 600). Mit diesem Triumvirat in Weimar meint Lenz Goethe, Wieland und Herder, und sie hatten nicht zu viel zu tun, sondern sie hatten ihn vergessen. Was Lenz im Hinblick auf sein Verhältnis zu Goethe in seinem letzten erhaltenen Brief vom 14. Januar 1792 bemerkt, ließe sich ohne Umschweife von der literarischen Öffentlichkeit bis heute sagen. Da man ihm die Ehre erwiesen habe, ihn »mit dem Romanschreiber […] Hn. Göthe in eine Liste zu setzen, so suchen und finden sie in allen meinen Briefen nichts als unverständliche Worte Poesie und Roman« (WuBr 3, S. 683). Friedrich Schiller ist es zu verdanken, daß schon bald nach dem Tod von Jakob Michael Reinhold Lenz »einige Lenziana«[37] veröffentlicht werden, darunter der *Waldbruder*. Um 1776 entstanden, dokumentiert dieser kleine Text die sich anbahnende Entzweiung. Der autobiographische Bezug ist offenkundig, hinter den Figuren Herz und Rothe können Lenz und Goethe vermutet werden. Vielleicht hat Goethe im Umgang mit Schiller das wiedergutzumachen versucht, was in der Freundschaft mit Lenz mißlungen war. Wie ein Vermächtnis an die Nachwelt jedenfalls klingt jene Zeile, mit der Lenz ein Gedicht auf das »Denkmal der Freundschaft« mit Goethe beschließt: »Könnt' ihr von meinen Tränen schweigen?« (WuBr 3, S. 122)

---

37 WA IV/12, S. 27. So die Formulierung von Goethe in einem Brief an Schiller vom 1. Februar 1797.

VERZEICHNIS DER ABKÜRZUNGEN

FA – Johann Wolfgang Goethe: Sämtliche Werke. Briefe, Tagebücher und Gespräche. 40 Bde. Hg. v. Friedmar Apel, Hendrik
Birus, Anne Bohnenkamp u.a. Frankfurt a.M. 1988-2000
(= *Frankfurter Ausgabe*. Zitiert mit römischer Abteilungs- und
arabischer Bandzahl).

Müller – Jakob Michael Reinhold Lenz im Urteil dreier Jahrhun-
derte. Texte der Rezeption von Werk und Persönlichkeit 18.-20.
Jahrhundert. 3 Bde. Gesammelt u. hg. v. Peter Müller unter Mitarbeit v. Jürgen Stötzer. Bern 1995.

WA – Goethes Werke. Hg. im Auftrage der Großherzogin Sophie
von Sachsen. 133 Bde. Weimar 1887-1919 (= *Weimarer Ausgabe*.
Zitiert mit römischer Abteilungs- und arabischer Bandzahl).

WuBr – Jakob Michael Reinhold Lenz: Werke und Briefe in drei
Bänden. Hg. von Sigrid Damm. München, Wien 1987 (mit Band-
und Seitenzahl) (im insel taschenbuch: Frankfurt 1992).

Im folgenden werden, ohne daß dies durch Auslassungszeichen im
einzelnen gekennzeichnet ist, nur die im Zusammenhang dieses
Buchs relevanten Briefstellen zitiert.

BRIEFE ZWISCHEN LENZ
UND GOETHE

LENZ AN GOETHE

Februar 1775

Hier mein Bruder ein Brief den ich Dir schicken muß, warm wie er aus dem Herzen kommt. Dich wird das Porto nicht dauern lieber obschon kein Geschäft darinnen ist außer eine Kommission von Hafner der mich lange gebeten hat. Ist doch uns kein höher Glück auf der Erde gegönnt als uns zu unterreden – mir ists das höchste. Denn alle meine Wirksamkeit ist für andre – aber mein Gefühl für Dich und einige Liebe ist für mich. Warum gibst Du uns denn nicht Neuigkeiten von Dir. Haben genug in unsern Briefen itzt von meinen Schmieralien gesprochen – nun laß mich wieder ausgehen von dem kleinen Dreckhaufen Ich und Dich – finden.

Lenz

Ich habe viel in der Sozietät zu überwinden, auf einer Seite ists Unglauben, Zerrüttetheit, vagues Geschnarch von Belliteratur wo nichts dahinter ist als Nesselblüten: auf der andern steife leise Schneckenmoralphilosophie die ihren großmütterlichen Gang fortkriecht, daß ich oft drüber die Geduld verlieren möchte. Da konnte Götz nicht durch dringen, der beiden gleich abspricht. Daher fing ich an *ut vates* den Leuten Standpunkt ihrer Religion einzustecken, daß itzt unter viel Schwürigkeiten vollendt ist, die Erfolge wird die Zeit lehren. Und nun stürm ich mit Ossians Helden hinein das alte Erdengefühl in ihnen aufzuwecken, das ganz

in französische *Liqueurs evaporirt* war. Daß wirs ausführen
können was ich mit ganzer Seele strebe, auf Heid und Hügel
Deine Helden wieder naturalisieren.   Addio

(WuBr 3, S. 306)

LENZ AN GOETHE

Juni / Juli 1775

*vous pouvez vous fier a ma parole d'honneur que ladite feuille ne
sera jamais publiée avec ma bonne volonté. Aussi n'etoit elle
ecrite qu'après le point de vue d'une grande partie de vos
lecteurs, dont les caquets au sujet de vous et de vos ecrits ne
parviennent jamais jusqu'a vous. Je n'aurois pas crú que cela pour-
roit te faire quelque peine, je ne te l'ai communiqué que pour sonder
tes façons d'envisager ces choses lá, pour pouvoir a l'avenir dire
quelque chose de plus raisonnable la dessús. Voila mes intentions,
j'ai tout employé de supprimer cela et je te puis assurer
d'avance qu'il ne verra jamais le jour. Nous en parlerons davan-
tage. Le.*

[Am Rande:] *Remerciemens pour la peine que vous vous etes
donnée avec les Lindaviana.*

(WuBr 3, S. 321)

LENZ AN GOETHE

Ende März 1776

Als ich den Antikensaal in Mannheim sah Bruder Goethe so
durchdrung durchbebte überfiel mich Dein Geist, der
Geist alles Deines Tuns und aller Deiner Schöpfungen mit
einem Entzücken dem sich nichts vergleichen läßt. Ich sah
Dich an meiner Seite stehn ich sah wie sich Dein Blick an
den Zähren letzte die ich vor Laokoon vergoß wie alle die
himmlische Begeisterung dieser Gestalten denen ich – o

wie gern die Ehre der Anbetung erwiesen hätte auch Dein
Herz zu höherer Freundschaft für mich emporhub da ich
ihrer nun würdiger war. Ach wer sollte den Gott in diesen
Bildern nicht anbeten, wer sollte das Herz haben das Idolo-
latrie zu nennen – Nur Du auf der Rechten und sie die
Hoffnung meiner letzten Seligkeit an meinem Herzen fehlten mir noch um nun wirklich das erstemal die Freuden des
ewigen Lebens zu fühlen

(WuBr 3, S. 417 f.)

LENZ AN GOETHE

27. Juni 1776
Ich geh aufs Land, weil ich bei Euch nichts tun kann.
(WuBr 3, S. 472)

LENZ AN GOETHE UND SEIDEL

27. Juni 1776

Sachen die hier bleiben

Regenschirm (Philipp in die Post)
Instruktion des Königs v. Preußen │ schickst Du an
Ray de St. Genie │ Mühlgau
Theuerdank (Bertuchen)
Die Zigeuner (dem Herzog)
Herders Fabeln (Goethen zur Auswahl im Merkur)
Wielands Schriften an Wieland
Der Hut u. die Strumpfbänder (an Goethen)
Yärros Ufer (Goethen, dem Herzog vorzulesen)
Ramonds Drame und den *Soulier mordoré* (den Herzogin Mut-
ter hat, der regierenden Herzogin zu bringen)

Sachen die ich mir ausbitte

Alle Bücher auf dem Stuhl

Polyb	*vies des peintres*
Stuart	Büschings Geographie
Comte de Saxe.	der Teil v. Frankreich
Dictionnaire	Einige Karten | die mir
Girards Grammaire	Abt St. Pierre | Bertuch verschafft.
Hamilton	
Crebillon	

Guibert (wozu ich wenns sein kann, den 1sten Teil u. die Kupfer)

Instruktion der französischen Truppen

Chevalier d'Eon. Vor allen Dingen

Kriegsbaukunst

Homer

Das Pack mit meinen 2 Brieftaschen (unaufgemacht)

Das Päckgen Catharina v. Siena vor allen Dingen und unaufgemacht.

Julius Caesar

Siegellack. Schokolade. Feuerwerke. Soldatenpuppen für die Baurenkinder.

Wäsche (was die Wäscherin hat, 1 Hemd, 1 Schnupftuch, 1 P. seidne Strümpfe, einige Binden – was da ist, ein Hemd, 3 Binden, 1 Schnupftuch, 1 P. seidne Strümpfe, 1 Nachtmütze, 1 P. zwirn Strümpfe, 1 P. schwarzseidne).

Meinen Strasburger Frack mit Weste. Mein Nachtwämsgen u. Überrock Meinen Korsenhut Stiefel u. 2 Paar Schuh. Auch die neue Schuh die mir der Schuster bringen wird der bei Krausen wohnt.

Papier, auch Postpapier.

Einen Haarkamm hätte noch nötig und ein Schermesser,
weil ich mich sonst vor mir selber fürchten muß.

Was ich da lasse
und nicht zu eröffnen bitte
Im Koffer

Briefe
Zwei Päcke Papier
1 *livre d'amis*
1 Samtrock West Hosen
1 Tuchrock West Hosen
1 Haarbeutel
1 P. weiß Englische Handschuh
1 Antolagenhemde
Schnallen
Sporen
Ein Pack Papier im Boden des Koffers der nicht e[...]
wird
– Widderhörner

1 Degen
1 Klinge vom Herzog
1 silberne Uhr mit Berlock
1 Paar Überschuh (bei Kalb stehende)

[Das Folgende rings um die Adresse geschrieben:]
grüß Klinger vielmalen

Wenn ein Vorhängeschloß vor meinen Coffre hättest wegen
der Papiere wäre mirs sehr lieb. Dies schließt nicht ich habe
den Schlüssel verloren
    Vor allen Dingen bitte Wieland die [...] sobald er sie
missen [...]

Bitte mir alles aufs bäldeste zu schicken
Um die Wäsche bitte aufs eheste.
[Adresse:] Herrn
Geh. Leg. Rat
Goethe

(WuBr 3, S. 472-474)

GOETHE AN LENZ

Juli 1776
Hier ist der Guibert, die andern Bücher sind nicht zu haben.

Da ist ein Louisd'or.

Deine Zeichnungen sind brav, fahre nur fort wie Du
kannst.

Leb wohl und arbeite Dich aus, wie Du kannst und
magst.   G.

(WuBr 3, S. 477)

LENZ AN GOETHE

Juli 1776
Verbrenne das Billett.
Wolltest Du doch das dem Herrn weisen, Liebgen, wenn Du
meinest daß es ihm Spaß machen kann.

Sag mir doch, ob es ein Utopisches Projekt wäre eine
Handlung zwischen Frankreich und Weimar anzuspinnen.
Wenn in W. eine Messe angelegt würde für französische
Kaufleute, Manufakturieurs laß sein daß im Anfang die Ba-
lanz auf ihrer Seite wäre, es ließen sich mit der Zeit wohl
einige hier nieder und die Gäste sollten auch willkommen
sein. Ihr könntet ja um das zu erhalten, wenn sie erst im
Train drin sind auf einmal die Einfuhr fremder Waren mit

höheren Zöllen belegen. Ihr seid hier im Herzen von Deutschland und stoßt an viel Länder die noch ärmer an Industrie sind als Ihr. – Frankreich willig zu machen, wäre dann wieder eine Sache für sich. Es ist freilich keine Nation in der Welt schwerer und leichter zu behandeln. – Auch hättet Ihr Naturprodukte entgegen zu setzen, Bergwerk, Lein, Wolle u. s. w. Dies sind nur noch Träume Bruder.

Ob der Herzog deswegen Verträge mit den übrigen Sächsischen Höfen besonders mit Kursachsen tun dürfe, geht mich nichts an.

Das wird wenigstens keinem Vertrage zuwider sein daß er Manufakturisten ins Land zieht. Und von wem hat Deutschland die je erhalten als aus Fr. Auch können keine andere in ihren Preisen so mäßig sein, weil sie mit dem *compendio virium* nicht arbeiten.

(WuBr 3, S. 478)

LENZ AN GOETHE

Sommer 1776

Hier Bruder eins und das andere.

Es wäre mir doch lieb, wenn die Meinungen eines Laien im Merkur kürzlich rezensiert würden, ohne Ansehen der Person. Sag Wieland nicht von wem sie sind.

Sag mir doch ob Herder nicht bald kommt. Mein Herz ahndet ihm entgegen. Ich möcht ihn und sein Weib gern sehen – genießen kann ich itzt nichts mehr.

(WuBr 3, S. 479 f.)

Mitte September 1776

Ich bin zu glücklich Lieber als daß ich Deine Ordres Dir
von mir nichts wissen zu lassen nicht brechen sollte; wollte
Gott ich hätte Deine Art zu sehen und zu fühlen und Du zu
Zeiten etwas von der meinigen, wir würden uns glaub ich
beide besser dabei befinden.

Ich schreibe Dir dies vor Schlafengehen, weil ich in der
Tat bei Tage keinen Augenblick so recht dazu finden kann.
Dir alle die Feerei zu beschreiben in der ich itzt existiere,
müßte ich mehr Poet sein als ich bin. Doch was soll ich Dir
schreiben daß Du falls Schwedenborg kein Betrüger ist alles
nicht schon vollkommen mußt geahndet gesehen und gehört haben. Wenigstens haben wirs an all den Gebräuchen
und Zauberformeln nicht fehlen lassen mit denen man ab-
wesende Geister in seinen Zirkel zu bannen pflegt; wenn
Du nicht gehört hast, ists Deine Schuld.

Mit dem Englischen gehts vortrefflich. Die Frau von
Stein findet meine Methode besser *als* die Deinige. Ich lasse
sie nichts aufschreiben als die kleinen Bindewörter die oft
wieder kommen; die andern soll sie *a force de lire* unvermerkt
gewohnen, wie man seine Muttersprache lernt. Auch bin
ich unerbittlich ihr kein Wort wiederzusagen was den Tag
schon vorgekommen und was mich freut ist, daß sie es entweder ganz gewiß wiederfindt oder wenigstens auf keine
falsche Bedeutung rät, sondern in dem Fall lieber sagt, daß
sies nicht wisse, bis es ihr das drittemal doch wieder ein-
fällt. – Nur find ich daß sich ein Frauenzimmer fürs Englische ganz verderben kann, wenn sie mit Ossianen anfängt.
Es geht ihr sodenn mit der Sprache wie mir und Lindau mit
dem menschlichen Leben.

Lieber Bruder, Du hast entweder selbst meine Brief-
tasche oder Philipp hat sie gefunden; schicke mir sie doch.

Wenigstens Dein Gedicht, das ich hineingelegt hatte – alles, denn ich weiß selbst nicht mehr was drin ist. Schick doch auch sonst was mit für Frau v. Stein, etwa d. Jungs Autobiographie von der ich ihr erzählt habe. Ich komm in der Tat hieher wie ein Bettelmönch, bringe nichts mit als meine hohe Person mit einer großen Empfänglichkeit; habe aber doch sobald ich allein bin große Unbehäglichkeiten über den Spruch daß Geben seliger sei als Nehmen.

Dein Bote ging obschon er alle Kräfte anwandte die ihm Weib und Kinder übrig gelassen mit der Geschwindigkeit eines Mauleseltreibers; ich wäre eben so geschwind und ungefähr in eben der Gemütsfassung mit bloßen Knieen auf Erbsen nach K– gerutscht. Und doch war eben der Merkurius den andern Morgen als ich ihn wollte rufen lassen, Dir Frau v. Stein Brief und Zeichnungen zuzuschicken, (obschon ichs ihm abends vorher hatte notifizieren lassen) über alle Berge. Wofür Du ihn sermonieren kannst damit ers ein andermal in ähnlichen Fällen nicht wieder so macht.

[...]

(WuBr 3, S. 494-496)

<small>LENZ AN GOETHE [?]</small>

Herbst 1776

Lieber Bruder! ich bin in grausamer Beklemmung. Es ist die Frage, ob ich ... lieben darf. Sie ist diesen Morgen so mächtig in meinem Herzen worden, daß sie mir das innere Leben meines Geistes anzugreifen drohte. Ich fragte mich ist es nicht Eitelkeit, Eigennutz oder noch was Schlimmeres, was in deinem Herzen dies unheilige Feuer angezündet hat – warum willst du der ganzen Welt u. allem was darin auf Liebe Anspruch macht Unrecht tun. Die inwendige moralische Schraubenbewegung ward aufs höchste getrieben – ich lag auf der Folter. Gott der Gedanke in dem ich allen Trost meines Lebens fand – dieser einzige Gedanke Sünde. Etwas für sie zu tun – Du weißt daß dies noch das einzige war das mich an dies Leben band. Denn für andre glaube ich auch nach dem Tode wirken zu können.

Ich bin wieder hergestellt. Die Ungewißheit konnte nicht dauern und Gott lob der unsre Seelen so eingerichtet hat. Einem Leiden von der Art wenn es anhielt wär auf der Welt nichts zu vergleichen und endliche Kräfte zu schwach dafür.

Ich bin nicht gehalten etwas zu lieben, das nicht einen mir fühlbaren Wert hat. Und das was ich bis auf den Grad meiner Geliebten lieben darf muß einen Wert haben, der sich auf mich bezieht. Sonst müßt ich die ganze Welt heuraten.

Ich bin aber fest entschlossen meine heilige Grille sie mit keinem Geschöpf auszutauschen in den Sarg mitzunehmen – sag mir drüber was Du willst. Denn ihren Wert kann u. wird sie hoffe ich nicht verlieren u. wohl mir wenn sie mich nie liebt als nach Beziehung des Meinigen auf sie.

Was ihr Wert in Beziehung auf mich ist? – Alles. Ich behalte keinen Wert übrig wenn ich den ihrigen zu lieben aufhöre. Meine Existenz ist vergeblich. Ich handelte für sie – sie allein ist u. kann zuverlässige Richterin meiner Handlungen sein und wer mein Verhältnis zu ihr versteht. Ob sie es sein wird ist die Frage nicht.

(WuBr 3, S. 506 f.)

GOETHE ÜBER LENZ

GOETHE AN JOHANN DANIEL SALZMANN

Oktober 1773

Sie haben lange nichts von mir selbst, wohl aber gewiss von Lenz, und einigen Freunden allerley von mir gehört. Ich treibe immer das Getreibe; [...]. Lenz soll mir doch schreiben. Ich habe was für ihn aufm Herzen.

(Müller I, S. 49)

GOETHE AN ERNST THEODOR LANGER

6. Mai 1774

Gebt auf ein Lustspiel acht das die Ostermesse herauskommen wird *der Hofmeister oder die Vortheile der Privaterziehung*. Ihr hört am Titel daß es nicht von mir ist. Es wird euch ergözzen.

(Müller I, S. 52)

GOETHE AN SOPHIE VON LA ROCHE

15. September 1774

Sie fragten nach Lenz! – Es thut mir leid für Wieland dass er den sich aufgereizt, und auf eine *abgeschmackte* Weise aufgereizt hat, da ich ruhig bin. Es ist ein unglücklicher Man von der Seite, ich hab meine Freunde gebeten mir seinen Nahmen nicht mehr zu nennen. Lenz versöhnt sich ihm nicht, und Lenz ist ein gefährlicher Feind für ihn, er hat mehr Genie als Wieland, obgleich weniger Ton und Einfluss und doch – – Ja liebe Mama, ich muss die Welt lassen wie sie ist, und dem heiligen Sebastian gleich an meinen Baum gebunden, die Pfeile in den Nerven Gott loben und preisen. Hallelujah Amen.

(Müller I, S. 73)

GOETHE AN JOHANN DANIEL SALZMANN

5. Dezember 1774

Wie sich Lenz aufführt mögt' ich auch gern von Ihnen hören.

(Müller I, S. 100)

GOETHE AN JOHANNA FAHLMER

Anfang März 1775

Hier Tante ein Zweig aus Lenzens Goldnem Herzen. Wie werth ist mir's Ihnen so einen guten Morgen bieten zu können.

(Müller I, S. 107)

GOETHE AN SOPHIE VON LA ROCHE

13. Mai 1775

L. Mama endlich hab ich's über's Herz bracht und gehe von Frf: zu meiner Schwester. Also über Manheim, Ca[r]lsr[uh] und Strasb: Danke für Ihren lezten Brief und Erbieten. Rede nun selbst mit Lenz und von dorther vielleicht mehr.

(Müller I, S. 114)

5. Juni 1775

Zur Erinnerung guter Stunden,
Aller Freuden, aller Wunden,
Aller Sorgen, aller Schmerzen,
In zwei tollen Dichtern Herzen,
Noch im lezten Augenblick
Lass ich Lenzgen dies zurück

Goethe

(Müller I, S. 118)

GOETHE AN SOPHIE VON LA ROCHE

1. August 1775

Wie stehn Sie mit Lenz? Ich weiß kein Wort von, er hat mir
Ihre Briefe nicht sehen lassen, mir scheint, als wenn Sie mit
dem Originalgen nicht gut zurechte kämen. Er wälzt sein
Tönngen mit viel Innigkeit und Treue.

(Müller I, S. 122)

GOETHE AN CHARLOTTE VON STEIN

5. April 1776

Da haben Sie ihn schon wieder. Liebste Frau, darf ich heut
früh mit Lenzen kommen. Wie fatal waren mir die Meerkaz-
zen gestern, iust im Augenblick da ich so viel Ihnen zu
sagen hatte. Adieu beste. Sie werden das kleine wunderliche
Ding sehen. Und ihm gut werden. Doch – Sie sollen was Sie
wollen und wollen, was Sie werden. Ade.

(Müller I, S. 189)

25. April 1776

Lenzens Eseley von gestern Nacht hat ein Lachfieber gegeben. Ich kann mich gar nicht erhohlen.   G.

(WA IV/3, S. 54)

2. [20.?] Juni 1776

Wie kann ich seyn ohne Ihnen zu schreiben. Wenigstens
hört ich gestern durch Lenz was von Ihnen.

(WA IV/3, S. 76)

23. oder 24. Juni 1776

Ach Ihre Gesandten! – Liebe Frau. Lenz hat die Kirsche
verwahrlost! hat mir sie nicht gegeben, mir nicht den Kern
nicht den Stiel gegeben. Mir der ich in all dem Tumult so offt
an Sie gedacht habe. – Hat mir nichts davon gesagt biss
heute – Gute Nacht.

(WA IV/3, S. 78)

24. Juli 1776

Lenz ward endlich gar lieb und gut in unserm Wesen, sitzt
jetzt in Wäldern und Bergen allein, so glücklich als er seyn
kann.

WA IV/3, S. 91)

15. August 1776

Lenz ist hier.

(WA IV/3, S. 97)

10.-12. September 1776

Ich schick Ihnen Lenzen, endlich hab ich's über mich gewonnen. O Sie haben eine Art zu peinigen wie das Schick-
saal, man kann sich nicht drüber beklagen so weh es thut. Er
soll Sie sehn, und die verstörte Seele soll in Ihrer Gegenwart
die Balsamtropfen einschlürpfen um die ich alles beneide.
Er soll mit Ihnen seyn – Er war ganz betroffen da ich ihm
sein Glück ankündigte, in Kochberg mit Ihnen seyn, mit
Ihnen gehen, Sie lehren, für Sie zeichnen, Sie werden für ihn
zeichnen, für ihn seyn. Und ich – zwar von mir ist die Rede
nicht, und warum sollte von mir die Rede seyn – Er war
ganz im Traum da ich's ihm sagte, bittet nur Geduld mit ihm
zu haben, bittet nur ihn in seinem Wesen zu lassen. Und ich
sagt ihm dass er es, eh er gebeten, habe. Ich schicke einen
Schäckespeer mit, schicke hoffentlich den Wäckefield nach.
Geniessen Sie rein der lieben Herbst Zeit, es scheint als
wollt Sie der Himmel mit lieben Tagen seegnen. Ade. von
mir hören Sie nun nichts weiter, ich verbitte mir auch alle
Nachricht von Ihnen oder Lenz. Wenn was zu bestellen ist
mag er's an Philip schreiben.

d. 10. Sept. 76.   G.

Lenz will nun fort, und ich hatte Bedencken Ihnen die vor-
hergehende Seite zu schicken, doch Sie mögen sehn wie
mirs im Herzen manchmal aussieht, wie ich auch ungerecht
gegen Sie werden kann. Ich danck Ihnen fürs erste Anden-

cken von Ihrem Schreibtisch, den ich damals wohl nicht wieder zu sehen hoffte, aber nicht so. Gestern war ich in Belveder. Louise ist eben ein unendlicher Engel, ich habe meine Augen bewahren müssen nicht über Tisch nach ihr zu sehn – die Götter werden uns allen beystehn – die Waldnern ist recht lieb, ich war früh bey ihr, wir haben uns herumgeschäckert. Abends alle Durchlauchten in Tiefurt. Ihr Mann war guter Humor, machte possierliche Streiche mit der Oberhofmeisterinn. Ich hab die Hofleute bedauert, mich wundert dass nicht die meisten gar Kröten und Basilisken werden.

Addio, mein Herz ist doch bey Ihnen, liebe einzige die mich glücklich macht ohne mir weh zu thun. doch – freylich auch nicht immer ohne Schmerz. Ade. beste. d. 12. Sept. 76.   G.

Eben krieg ich noch der Wartensleben Brief. Dancke herzlich. es ist eine werthe Frau und thut recht wohl so dran. Sie hat ihre eigne feste Vorstellungs Art, und wer der nachhandelt, ist mir werth, wenn sie zugleich so liebevoll und so rein ist, wie die ihrige. Grüsen Sie sie in meinem Nahmen und sagen ihr ich würde künftig um ihrentwillen mehr auf die Philantropins aufmercken, dafür bät ich aber auch um die Nachricht die sie von Dessau erwartete. Leben Sie wohl, dencken Sie mein. Ich sizze offt unter meinem Himmel in Gedancken an Sie, Sie helfen mir abwesend zeichnen, und einen Augenblick wo ich Sie recht lieb habe seh ich die Natur auch schöner, vermag sie besser auszusprechen. Adieu. Wieland sagt meiner Zeichnung die ich iezt mache säh man recht an wen ich lieb hätte.

(WA IV/3, S. 105-108)

16. September 1776

Lohns Gott was Sie für Lenzen thun.

(WA IV/3, S. 108)

16. September 1776

Lenz ist unter uns wie ein kranckes Kind.

(WA IV/3, S. 110)

16. September 1776

Lenz ist unter uns wie ein krankes Kind, wir wiegen und tänzeln ihn, und geben und lassen ihm von Spielzeug was er will. Er hat Sublimiora gefertigt. Kleine Schnitzel, die Du auch haben sollst.

(WA IV/3, S. 111)

19. November 1776

Lenz grüsst Sie er ist bey mir.

(WA IV/3, S. 119)

Ende November 1776

Lenz wird reisen. Ich habe mich gewöhnt bey meinen Handlungen meinem Herzen zu folgen und weder an Misbilligungen noch an Folgen zu dencken. Meine Existenz ist mir so lieb, wie jedem andern, ich werde aber just am wenigsten in Rücksicht auf sie irgend etwas in meinem Betragen ändern.

(WA IV/3, S. 123)

GOETHE: TAGEBUCH

26. November 1776

Lenzens Eseley.

(Müller I, S. 254)

GOETHE: TAGEBUCH

30. November 1776

L. Letzte Bitte um noch einen Tag stillschweigend accordirt.

(Müller I, S. 254)

GOETHE AN CHARLOTTE VON STEIN

etwa 1. Dezember 1776

Lenz hat mir weggehend noch diesen Brief an Herzogin Louise offen zugeschickt, übergeben Sie ihn liebe Frau. Die ganze Sache reisst so an meinem innersten, dass ich erst dadran wieder spüre dass es tüchtig ist und was aushalten kann.   G.

(WA IV/3, S. 124)

GOETHE AN PHILIPP ERASMUS REICH

13. Januar 1777

Wegen Lenzen bitte ich Sie zu verfahren als wenn ich gar nicht existirte, wie ich auch an der ganzen Sache keinen Antheil habe, auch keinen dran nehme.

(Müller I, S. 264)

GOETHE ÜBER LENZ IN
»DICHTUNG UND WAHRHEIT«

Will Jemand unmittelbar erfahren, was damals in dieser lebendigen Gesellschaft gedacht, gesprochen und verhandelt worden, der lese den Aufsatz *Herders über Shakspeare*, in dem Hefte *von deutscher Art und Kunst*; ferner *Lenzens Anmerkungen über's Theater*, denen eine Übersetzung von Love's labours lost hinzugefügt war. Herder dringt in das Tiefere von Shakspeare's Wesen und stellt es herrlich dar; Lenz beträgt sich mehr bilderstürmerisch gegen die Herkömmlichkeit des Theaters, und will denn eben all und überall nach Shakspearescher Weise gehandelt haben. Da ich diesen so talentvollen als seltsamen Menschen hier zu erwähnen veranlaßt werde, so ist wohl der Ort, versuchsweise einiges über ihn zu sagen. Ich lernte ihn erst gegen das Ende meines Straßburger Aufenthalts kennen. Wir sahen uns selten; seine Gesellschaft war nicht die meine, aber wir suchten doch Gelegenheit uns zu treffen, und teilten uns einander gern mit, weil wir, als gleichzeitige Jünglinge, ähnliche Gesinnungen hegten. Klein, aber nett von Gestalt, ein allerliebstes Köpfchen, dessen zierlicher Form niedliche etwas abgestumpfte Züge vollkommen entsprachen; blaue Augen, blonde Haare, kurz ein Persönchen, wie mir unter nordischen Jünglingen von Zeit zu Zeit eins begegnet ist; einen sanften, gleichsam vorsichtigen Schritt, eine angenehme nicht ganz fließende Sprache, und ein Betragen, das zwischen Zurückhaltung und Schüchternheit sich bewegend, einem jungen Manne gar wohl anstand. Kleinere Gedichte, besonders seine eignen, las er sehr gut vor, und schrieb eine fließende Hand. Für seine Sinnesart wüßte ich nur das englische Wort whimsical, welches, wie das Wörterbuch ausweist, gar manche Seltsamkeiten in einem Begriff zusammenfaßt. Niemand war vielleicht eben deswegen fähiger als er, die Ausschweifungen und Auswüchse des Shakspeareschen Genies zu empfinden und nachzubilden. Die obengedachte Übersetzung gibt ein Zeugnis hievon. Er behandelt seinen Autor mit großer Freiheit, ist nichts weniger als knapp und treu, aber er weiß sich die Rüstung oder vielmehr die Possenjacke seines Vorgängers so gut anzupassen, sich seinen Gebärden so humoristisch gleichzustellen, daß er demjenigen, den solche Dinge anmuteten, gewiß Beifall abgewann.

Die Absurditäten der Clowns machten besonders unsere ganze Glückseligkeit und wir priesen Lenzen, als einen begünstigten Menschen, da ihm jenes Epitaphium des von der Prinzessin geschossenen Wildes folgendermaßen gelungen war:

> Die schöne Prinzessin schoß und traf
> Eines jungen Hirschleins Leben;
> Es fiel dahin in schweren Schlaf,
> Und wird ein Brätlein geben.
> Der Jagdhund boll! – Ein L zu Hirsch
> So wird es denn ein Hirschel;
> Doch setzt ein römisch L zu Hirsch,
> So macht es funfzig Hirsche.
> Ich mache hundert Hirsche draus,
> Schreib Hirschell mit zwei LLen.

Die Neigung zum Absurden, die sich frei und unbewunden bei der Jugend zu Tage zeigt, nachher aber immer mehr in die Tiefe zurücktritt, ohne sich deshalb gänzlich zu verlieren, war bei uns in voller Blüte, und wir suchten auch durch

Originalspäße unsern großen Meister zu feiern. Wir waren sehr glorios, wenn wir der Gesellschaft etwas der Art vorlegen konnten, welches einigermaßen gebilligt wurde, wie z. B. folgendes auf einen Rittmeister, der auf einem wilden Pferde zu Schaden gekommen war:

> Ein Ritter wohnt in diesem Haus,
> Ein Meister auch daneben;
> Macht man davon einen Blumenstrauß,
> So wird's einen Rittmeister geben.
> Ist er nun Meister von dem Ritt,
> Führt er mit Recht den Namen;
> Doch nimmt der Ritt den Meister mit,
> Weh' ihm und seinem Samen!

Über solche Dinge ward sehr ernsthaft gestritten, ob sie des Clown's würdig oder nicht, und ob sie aus der wahrhaften reinen Narrenquelle geflossen, oder ob etwa Sinn und Verstand sich auf eine ungehörige und unzulässige Weise mit eingemischt hätten. Überhaupt aber konnten sich diese seltsamen Gesinnungen um so heftiger verbreiten und so mehrere waren im Falle, daran Teil zu nehmen, als Lessing, der das große Vertrauen besaß, in seiner Dramaturgie eigentlich das erste Signal dazu gegeben hatte.

(FA I/14, S. 539-541)

Mit jener Bewegung nun, welche sich im Publikum verbreitete, ergab sich eine andere, für den Verfasser vielleicht von größerer Bedeutung, indem sie sich in seiner nächsten Umgebung ereignete. Ältere Freunde, welche jene Dichtungen, die nun so großes Aufsehen machten, schon im Manuskript gekannt hatten, und sie deshalb zum Teil als die ihrigen ansahen, triumphierten über den guten Erfolg, den sie, kühn genug, zum voraus geweissagt. Zu ihnen fanden sich neue Teilnehmer, besonders solche, welche selbst eine produktive Kraft in sich spürten, oder zu erregen und zu hegen wünschten.

Unter den erstern tat sich Lenz am lebhaftesten und gar sonderbar hervor. Das Äußerliche dieses merkwürdigen Menschen ist schon umrissen, seines humoristischen Talents mit Liebe gedacht; nun will ich von seinem Charakter mehr in Resultaten als schildernd sprechen, weil es unmöglich wäre, ihn durch die Umschweife seines Lebensganges zu begleiten, und seine Eigenheiten darstellend zu überliefern.

Man kennt jene Selbstquälerei, welche, da man von außen und von andern keine Not hatte, an der Tagesordnung war, und gerade die vorzüglichsten Geister beunruhigte. Was gewöhnliche Menschen, die sich nicht selbst beobachten, nur vorübergehend quält, was sie sich aus dem Sinne zu schlagen suchen, das ward von den bessern scharf bemerkt, beachtet, in Schriften, Briefen und Tagebüchern aufbewahrt. Nun aber gesellten sich die strengsten sittlichen Forderungen an sich und andere zu der größten Fahrlässigkeit im Tun, und ein aus dieser halben Selbstkenntnis entspringender Dünkel verführte zu den seltsamsten Angewohnheiten und Unarten. Zu einem solchen Abarbeiten in der Selbstbeobachtung berechtigte jedoch die aufwachende empirische Psychologie, die nicht gerade alles was uns innerlich beunruhigt, für bös und verwerflich erklären wollte, aber doch auch nicht alles billigen konnte; und so war ein ewiger nie beizulegender Streit erregt. Diesen zu führen und zu unterhalten übertraf nun Lenz alle übrigen Un- oder Halbbeschäftigten, welche ihr Inneres untergruben, und so litt er im Allgemeinen von der Zeitgesinnung, welche durch die Schilderung Werther's abgeschlossen sein sollte; aber ein individueller Zuschnitt unterschied ihn von allen übrigen, die man durchaus für offene redliche Seelen anerkennen mußte. Er hatte nämlich einen entschiedenen Hang zur Intrigue, und zwar zur Intrigue an sich, ohne daß er eigentliche Zwecke, verständige, selbstische, erreichbare Zwecke dabei gehabt hätte; vielmehr pflegte er sich immer etwas Fratzenhaftes vorzusetzen, und eben deswegen diente es ihm zur beständigen Unterhaltung. Auf diese Weise war er Zeitlebens ein Schelm in der Einbildung, seine Liebe wie sein Haß waren imaginär, mit seinen Vorstellungen und Gefühlen verfuhr er willkürlich, damit er immerfort etwas zu tun haben möchte. Durch die verkehrtesten Mittel suchte er seinen Neigungen und Abneigungen Realität zu geben, und vernichtete sein Werk immer wieder selbst; und so hat er Niemanden den er liebte, jemals genützt, Niemanden den er haßte, jemals geschadet, und im Ganzen schien er nur zu sündigen, um sich strafen, nur zu intriguieren, um eine neue Fabel auf eine alte pfropfen zu können.

Aus wahrhafter Tiefe, aus unerschöpflicher Produktivität ging sein Talent hervor, in welchem Zartheit, Beweglichkeit und Spitzfindigkeit mit einander wetteiferten, das aber, bei aller seiner Schönheit, durchaus kränkelte, und gerade diese Talente sind am schwersten zu beurteilen. Man konnte in seinen Arbeiten große Züge nicht verkennen; eine liebliche Zärtlichkeit schleicht sich durch zwischen den albernsten und barockesten Fratzen, die man selbst einem so gründlichen und anspruchlosen Humor, einer wahrhaft komischen Gabe kaum verzeihen kann. Seine Tage waren aus lauter Nichts zusammengesetzt, dem er durch seine Rührigkeit eine Bedeutung zu geben wußte, und er konnte um so mehr viele Stunden verschlendern, als die Zeit die er zum Lesen anwendete, ihm, bei einem glücklichen Gedächtnis, immer viel Frucht brachte, und seine originelle Denkweise mit mannigfaltigem Stoff bereicherte.

Man hatte ihn mit liefländischen Kavalieren nach Straßburg gesendet, und einen Mentor nicht leicht unglücklicher wählen können. Der ältere Baron ging für einige Zeit ins Vaterland zurück, und hinterließ eine Geliebte, an die er fest geknüpft war. Lenz, um den zweiten Bruder, der auch um dieses Frauenzimmer warb, und andere Liebhaber zurückzudrängen, und das kostbare Herz seinem abwesenden Freunde zu erhalten, beschloß nun selbst sich in die Schöne verliebt zu stellen, oder, wenn man will, zu verlieben. Er setzte diese seine These mit der hartnäckigsten Anhänglichkeit an das Ideal, das er sich von ihr gemacht hatte, durch, ohne gewahr werden zu wollen, daß er so gut als die übrigen ihr nur zum Scherz und zur Unterhaltung diene. Desto besser für ihn! denn bei ihm war es auch nur Spiel, welches desto länger dauern konnte als sie es ihm gleichfalls spielend erwiderte, ihn bald anzog, bald abstieß, bald hervorrief, bald hintansetzte. Man sei überzeugt, daß wenn er zum Bewußtsein kam, wie ihm denn das zuweilen zu geschehen pflegte, er sich zu einem solchen Fund recht behaglich Glück gewünscht habe.

Übrigens lebte er, wie seine Zöglinge, meistens mit Offizieren der Garnison, wobei ihm die wundersamen Anschauungen, die er später in dem Lustspiel *die Soldaten* aufstellte, mögen geworden sein. Indessen hatte diese frühe Bekanntschaft mit dem Militär die eigene Folge für ihn, daß er sich für einen großen Kenner des Waffenwesens hielt; auch hatte er wirklich dieses Fach nach und nach so im Detail studiert, daß er, einige Jahre später, ein großes Memoire an den französischen Kriegsminister aufsetzte, wovon er sich den besten Erfolg versprach. Die Gebrechen jenes Zustandes waren ziemlich gut gesehn, die Heilmittel dagegen lächerlich und unausführbar. Er aber hielt sich überzeugt, daß er dadurch bei Hofe großen Einfluß gewinnen könne, und wußte es den Freunden schlechten Dank, die ihn, teils durch Gründe, teils durch tätigen Widerstand, abhielten, dieses phantastische Werk, das schon sauber abgeschrieben, mit einem Briefe begleitet, couvertiert und förmlich adressiert war, zurückzuhalten, und in der Folge zu verbrennen.

Mündlich und nachher schriftlich hatte er mir die sämtlichen Irrgänge seiner Kreuz- und Querbewegungen, in Bezug auf jenes Frauenzimmer vertraut. Die Poesie die er in das Gemeinste zu legen wußte, setzte mich oft in Erstaunen, so daß ich ihn dringend bat, den Kern dieses weitschweifigen Abenteuers geistreich zu befruchten, und einen kleinen Roman daraus zu bilden; aber es war nicht seine Sache, ihm konnte nicht wohl werden, als wenn er sich grenzenlos im Einzelnen verfloß und sich an einem unendlichen Faden ohne Absicht hinspann. Vielleicht wird es dereinst möglich, nach diesen Prämissen, seinen Lebensgang, bis zu der Zeit da er sich in Wahnsinn verlor, auf irgend eine Weise anschaulich zu machen; gegenwärtig halte ich mich an das Nächste, was eigentlich hierher gehört.

Kaum war Götz von Berlichingen erschienen, als mir Lenz einen weitläuftigen Aufsatz zusendete, auf geringes Konzeptpapier geschrieben, dessen er sich gewöhnlich bediente, ohne den mindesten Rand weder oben noch unten, noch an den Seiten zu lassen. Diese Blätter waren betitelt: *Über unsere Ehe*, und sie würden, wären sie noch vorhanden, uns gegenwärtig mehr aufklären als mich damals, da ich über ihn und sein Wesen noch sehr im Dunkeln schwebte. Das Hauptabsehen dieser weitläuftigen Schrift war, mein Talent und das seinige neben einander zu stellen; bald schien er sich mir zu subordinieren, bald sich mir gleich zu setzen; das alles aber geschah mit so humoristischen und zierlichen Wendungen, daß ich die Ansicht, die er mir dadurch geben wollte, um so lieber aufnahm, als ich seine Gaben wirklich sehr hoch schätzte und immer nur darauf drang, daß er aus dem formlosen Schweifen sich zusammenziehen, und die Bildungsgabe, die ihm angeboren war, mit kunstgemäßer Fassung benutzen möchte. Ich erwiderte sein Vertrauen freundlichst, und weil er in seinen Blättern auf die innigste Verbindung drang (wie denn auch schon der wunderliche Titel andeutete), so teilte ich ihm von nun an alles mit, sowohl das schon Gearbeitete als was ich vorhatte; er sendete mir dagegen nach und nach seine Manuskripte, den *Hofmeister*, den *neuen Menoza*, die *Soldaten*, Nachbildungen des *Plautus*, und jene Übersetzung des englischen Stücks als Zugabe zu den *Anmerkungen über das Theater*.

Bei diesen war es mir einigermaßen auffallend, daß er in einem lakonischen Vorberichte sich dahin äußerte, als sei der Inhalt dieses Aufsatzes, der mit Heftigkeit gegen das regelmäßige Theater gerichtet war, schon vor einigen Jahren, als Vorlesung, einer Gesellschaft von Literaturfreunden bekannt geworden, zu der Zeit also, wo Götz noch nicht geschrieben gewesen. In Lenzens Straßburger Verhältnissen schien ein literarischer Zirkel den ich nicht kennen sollte, etwas problematisch; allein ich ließ es hingehen, und verschaffte ihm zu dieser wie zu seinen übrigen Schriften bald Verleger, ohne auch nur im mindesten zu ahnden, daß er mich zum vorzüglichsten Gegenstande seines imaginären Hasses, und zum Ziel einer abenteuerlichen und grillenhaften Verfolgung ausersehn hatte.

Vorübergehend will ich nur, der Folge wegen, noch eines guten Gesellen gedenken, der, obgleich von keinen außerordentlichen Gaben, doch auch mitzählte. Er hieß *Wagner*, erst ein Glied der Straßburger, dann der Frankfurter Gesellschaft; nicht ohne Geist, Talent und Unterricht. Er zeigte sich als ein Strebender, und so war er willkommen. Auch hielt er treulich an mir, und weil ich aus allem was ich vorhatte kein Geheimnis machte, so erzählte ich ihm wie andern meine Absicht mit Faust, besonders die Katastrophe von Gretchen. Er faßte das Sujet auf, und benutzte es für ein Trauerspiel, *die Kindesmörderin.* Es war das erste Mal, daß mir Jemand etwas von meinen Vorsätzen wegschnappte; es verdroß mich, ohne daß ich's ihm nachgetragen hätte. Ich habe dergleichen Gedankenraub und Vorwegnahmen nachher noch oft genug erlebt, und hatte mich, bei meinem Zaudern und Beschwätzen so manches Vorgesetzten und Eingebildeten, nicht mit Recht zu beschweren.

Wenn Redner und Schriftsteller, in Betracht der großen Wirkung welche dadurch hervorzubringen ist, sich gern der Kontraste bedienen, und sollten sie auch erst aufgesucht und herbeigeholt werden; so muß es dem Verfasser um so angenehmer sein, daß ein entschiedener Gegensatz sich ihm anbietet, indem er nach Lenzen von *Klingern* zu sprechen hat. Beide waren gleichzeitig, bestrebten sich in ihrer Jugend mit und neben einander. Lenz jedoch, als ein vorübergehendes Meteor, zog nur augenblicklich über den Horizont der deutschen Literatur hin und verschwand plötzlich, ohne im Leben eine Spur zurückzulassen; Klinger hingegen, als einflußreicher Schriftsteller, als tätiger Geschäftsmann, erhält sich noch bis auf diese Zeit. Von ihm werde ich nun ohne weitere Vergleichung, die sich von selbst ergibt, sprechen, in so fern es nötig ist, da er nicht im Verborgenen so manches geleistet und so vieles gewirkt, sondern beides, in weiterem und näherem Kreise, noch in gutem Andenken und Ansehn steht.

(FA I/14, S. 651-656)

[Götter, Helden und Wieland] war nicht sobald meinen gegenwärtigen Mitgenossen vorgelesen und von ihnen mit großem Jubel aufgenommen worden, als ich die Handschrift an Lenz nach Straßburg schickte, welcher gleichfalls davon entzückt schien und behauptete, es müsse auf der Stelle gedruckt werden. Nach einigem Hin- und Widerschreiben gestand ich es zu, und er gab es in Straßburg eilig unter die Presse. Erst lange nachher erfuhr ich, daß dieses einer von Lenzens ersten Schritten gewesen, wodurch er mir zu schaden und mich beim Publikum in üblen Ruf zu setzen die Absicht hatte; wovon ich aber zu jener Zeit nichts spürte noch ahndete.

(FA I/14, S. 706 f.)

Ich besuche auf dem Wege Friderike Brion. finde sie wenig verändert, noch so gut, liebevoll, zutraulich wie sonst, gefaßt und selbstständig. Der größte Teil der Unterhaltung war über Lenzen. Dieser hatte sich nach meiner Abreise im Hause introduziert, von mir was nur möglich war, zu erfahren gesucht, bis Sie endlich dadurch daß er sich die größte Mühe gab meine Briefe zu sehen und zu erhaschen, mißtrauisch geworden. Er hatte sich indessen nach seiner gewöhnlichen Weise verliebt in sie gestellt, weil er glaubte, das sei der einzige Weg hinter die Geheimnisse der Mädchen zu kommen; und da sie nun mehr gewarnt u⟨nd⟩ scheu, seine Besuche ablehnt und sich mehr zurück zieht; so treibt er es bis zu den lächerlichsten Demonstrationen des Selbstmordes, da man ihn denn für halbtoll erklären und nach der Stadt schaffen kann. Sie klärt mich über die Absicht auf, die er gehabt, mir zu schaden, und mich in der öffentlichen Meinung und sonst zu Grunde zu richten weshalb er denn auch damals die Farce gegen Wieland, drucken lassen.

(FA I/14, S. 891 f.)

Lenz

Späte Bekanntschaft mit ihm, in den letzten Monaten.
Seine Gestalt, sein Wesen.
Seine Bestimmung in Straßburg
Hofmeister von ein paar Curländischen Edelleuten
Seltsamstes und indefiniblestes Individuum.
Neben seinem Talent, das von einer genialischen aber barocken Ansicht der Welt zeugte, hatte er ein travers, das darin bestand, Alles, auch das simpelste, durch Intrigue zu tun, dergestalt daß er sich Verhältnisse erst als Mißverhältnisse vorstellte, um sie durch politische Behandlung wieder ins Gleiche zu bringen; in dem Umgang mit seinen Freunden, Eleven, und bekannten sich die närrischesten Irrwege auszusinnen, um aus Nichts etwas zu machen, und ohne in der damaligen Epoche etwas böses oder Schädliches zu wollen, sich doch immer dergestalt übte, um in der Folge bei andern Zwecken, die er sich vorsetzen mochte, auf die tollste Weise zu einer Art von Schelmen zu werden. Wobei ihm, in Absicht auf Beurteilung und Imputation, immer seine Halbnarrheit, ein gewisser von Jedermann anerkannter, bedauerter, ja geliebter Wahnsinn, zu Statten kam.
Sein näher Verhältnis zu mir fällt in die folgende Epoche.

(FA I/14, S. 899)

LENZ ÜBER GOETHE

LENZ AN JOHANN DANIEL SALZMANN

3. Juni 1772

Was ist der Mensch? Ich erinnere mich noch wohl, daß ich zu gewissen Zeiten stolz einen gewissen G. tadelte und mich mit meiner sittsamen Weisheit innerlich brüstete, wie ein welscher Hahn, als Sie mir etwas von seinen Torheiten erzählten. Der Himmel und mein Gewissen strafen mich jetzt dafür. Nun hab ich Ihnen schon zu viel gesagt, als daß ich Ihnen nicht noch mehr sagen sollte.

(WuBr 3, S. 254)

LENZ AN JOHANN KASPAR LAVATER

18. Juni 1774

Willstu mir eine süße Stunde machen so schick Kleisten einen Gruß. – Aber bring bring Göthen von mir – – was? Dich. Ich möcht ihm meine Seele schicken denn ich habe Hoffnungen zu ihm, die wie die Sonne vor Tage nur noch den Antipoden sichtbar. Ach ich leide – aber Bruder Eure Hoffnungen schimmern mir in meiner Nacht, daß ich den zögernden Tag nicht anklage.

(WuBr 3, S. 300)

7. November 1774

Konnt ich mein edler Bruder! einen bessern Gebrauch von Deinem Briefe (den ich erst im August erhielt) machen, als daß ich ihn einem zweiten Du, durch die Bande der Freundschaft näher mit mir verbunden als durch die Bande des Bluts, meinem Bruder Goethe* in Frankfurt zuschickte und Dein Glück mit ihm teilte. Wie ich denn nichts Geheimes für den haben kann. Dafür ward aber auch Deine Verbindung von zwei gleich warm teilnehmenden Seelen hier doppelt gefeiert.

(WuBr 3, S. 303)

LENZ AN JOHANN KASPAR LAVATER

8. April 1775

So waltet ein uns unbekanntes Schicksal über unsre liebsten heiligsten Wünsche und Neigungen und leitet sie nach seinen Absichten. Goethe schweigt auch gegen mich, vermutlich weil ihn Geschäfte überwältigen.

(WuBr 3, S. 309)

LENZ AN SOPHIE VON LA ROCHE

1. Mai 1775

Ich habe hie und da Nachrichten von Ihnen eingezogen die alle dunkel und unzuverlässig waren, besser wußt ich mich nicht zu wenden als an Goethe der mir einmal einen Brief in Koblenz aus Ihrem Dintenfaß geschrieben hat.

(WuBr 3, S. 313)

Anfang Mai 1775

Ich höre, Du willst nach Strasburg kommen Lavater! Kupfer zu Deiner Physiognomik hier stechen zu lassen. Ich segne diesen Vorsatz und wünschte ihn in die Zeit hinaus da Goethe gleichfalls sich vorgenommen hie durch zu seiner Schwester zu reisen, wohin ich ihn begleiten könnte.

(WuBr 3, S. 315)

10. Mai 1775

Was sagen Sie zu all dem Gelärms übern Werther? Ist das erhört einen Roman wie eine Predigt zu beurteilen. O Deutschland mit deinem Geschmack!

(WuBr 3, S. 318)

20. Mai 1775

Sie sind vielleicht schon jezt auf der Reise, deren Sie in dem Briefe an Göthe Erwähnung taten. [...]

Wenn Göthe bei Ihnen ist, so möcht ich eine Viertelstunde zuhorchen. Warum lassen Sie ihn denn so viel Operetten machen? Freilich kann mein kaltes Vaterland großen Anteil daran haben, daß ich mehr für das Bildende als Tönende der Dichtkunst bin. Doch kann ich auch weinen bei gewissen Arien die mir ans Herz greifen, und verloren bin ich, (wenigstens in jeder Gesellschaft von gutem Ton,) wenn sie gerad die Stimmung meiner Situation treffen. Wenn Sie denn doch seine Muse sein wollen, so verführen Sie ihn in ein großes Opernhaus, wo er wenigstens Platz für seine Talente finden könnte, wenn man es erst von Me-

tastasios Spinneweben rein ausgefegt hätte. Nur weiß ich
nicht, wie Göthe übers Herz bringen sollte, Helden anders
als im Rezitativ singen zu lassen; oder die Arien müßten von
einer Art sein, wie ich sie mir nicht zu denken im Stande bin.
Ich schreibe Ihnen das, weil er mir ganz stille schweigt.

(WuBr 3, S. 318 f.)

LENZ AN SOPHIE VON LA ROCHE

Juni 1775

Ich habe keine Maitresse, und keine Ergießungen des Herzens als vor Gott. Bisweilen auch an dem Busen meines
Göthe, der nun freilich viel von mir weiß.

(WuBr 3, S. 321)

LENZ AN SOPHIE VON LA ROCHE

31. Juli 1775

Ich kenne den Zirkel der feinern Welt noch nicht so genau,
oder vielmehr, ich habe meine Achtsamkeit noch nicht so
anhaltend auf denselben gewendet. Ihrem zarten und fei-
nem Gefühl muß manches in meinen Stücken hart, un-
anständig und ungezogen auffallen. Das war es, was ich
von Ihnen zu meiner künftigen Besserung zu erfahren
wünschte; denn an meinen einmal geschriebenen Stücken
feile ich nie. Ich habe es einmal tun wollen, es hätte mich
aber fast das Leben gekostet, und Göthe ist auch da mein
Retter gewesen. [...]
    Ich habe mit Göthen Göttertage genossen, von denen
sich nichts erzählen läßt. Sie werden ihn, meine ich, nun
bald sprechen.

(WuBr 3, S. 331)

LENZ AN JOHANN KASPAR LAVATER

Januar 1776

Goethe hat mir ein Zettelgen aus Weimar geschrieben und
ist sehr zufrieden mit Wielanden.

(WuBr 3, S. 369)

LENZ AN HEINRICH JULIUS VON LINDAU

Januar 1776

[…] wenn Ihr nach Weimar kommt, grüßt Goethen. Ists
wahr daß er ganz dableibt? Sagt ihm ich könnte ihm noch
nicht schreiben. Ihn mündlich zu sprechen wünschte
sehr.

(WuBr 3, S. 373)

LENZ AN MERCK

14. März 1776

Mir gehts wie Ihnen, ich bin arm wie eine Kirchenmaus;
von verschiedenen Sachen, die teils unter der Presse, teils
noch in Göthens Händen sind, hab ich gar keine Abschrift;
die andern sind noch nicht gestaltete Embryonen, denen
ich unterwegs Existenz geben will.

(WuBr 3, S. 406)

LENZ AN BOIE

2. April 1776

Meine Adresse ist an Goethen weil der Name hier bekann-
ter ist.

(WuBr 3, S. 421)

Karfreitag [5. April] 1776

In diesem Augenblick meine teureste Mutter! da ich der Mutter meines Goethe schreibe, in seinen Armen in seinem Schoß, schreib ich auch Ihnen, sag Ihnen, daß ich jetzt in Weimar bin, wo Goethe mich heut dem Herzoge vorstellen wird.

[...]

Sagen Sie unserm lieben Vater, er soll alle unsere Geschwister und Freunde an einem Sonntage zusammenbitten und meines Bruders Goethe Gesundheit trinken. Alsdenn seiner Mutter, seiner Schwester, seines Vaters und dann meine. Die Rangordnung hat ihre Ursachen.

(WuBr 3, S. 422 f.)

LENZ AN JOHANN KASPAR LAVATER

14. April 1776

Deine Physiognomik habe ich mit einem der herrlichsten Geschöpfe auf Gottes Erdboden durchblättert, der Frau v. Stein Goethens großen Freundin.

(WuBr 3, S. 427)

LENZ AN BOIE

Mitte April 1776

Es geht Goethen freilich sehr wohl hier wie auch mir jetzt.

(WuBr 3, S. 433)

Ende Mai 1776

Wieland Goethe und ich leben in einer seligen Gemeinschaft, erstere beide morgens in ihren Gärten, ich auf der
Wiese wo die Soldaten exerzieren, nachmittags treffen wir
uns oben beim Herzog, der mit einer auserlesenen Gesellschaft guter Leute an seinem Hofe die alle (so wie auch wir)
eine besondere Art Kleidung tragen und er die Weltgei-
ster nennt seine meisten und angenehmsten Abende zu-
bringt. Goethe ist unser Hauptmann.

(WuBr 3, S. 459 f.)

LENZ AN KLINGER

Sommer oder Herbst 1776

Ich hab Euch versprochen, es Euch sauer zu machen Klinger so Maler Müller und Wagner selbst, den ich recht sehr
schätze. Nehmt Euch also in Acht vor mir, pariert ja wohl
und wenn Ihr Blöße findet, so stoßt herein auf mich, wie
Ihr wollt und wie Ihr könnt. Göthe hat ein Pasquill von mir,
worin Euch allen die Köpfe gewaschen werden – bis Ihr
gescheuter seid.

Lenz

(WuBr 3, S. 480)

LENZ AN PFEFFEL

Mitte Juli 1776

Meine Adresse ist in Weimar an Herrn Geheimen Lega-
tionsrat Goethe, oder lieber an Hofrat Wieland, weil erster
itzt gleichfalls auf dem Lande ist. Ich schmecke die ganze
Wollust der Einsamkeit auf den Kontrast des Hofes.

(WuBr 3, S. 487)

September 1776

Wie Goethe und die Seinigen sich zu allen Zeiten gegen mich bewiesen und wieviel ich ihnen schuldig bin, kann ich nie genug erkennen und rühmen.

(WuBr 3, S. 501)

23. Oktober 1776

Göthe hab ich nun lang nicht gesehen; er ist so von Geschäften absorbiert in W., daß er den Herzog nicht einmal hat herbegleiten können.

(WuBr 3, S. 504)

29. November 1776

Ich danke Ihnen mein verehrungswürdiger Freund und Gönner für die unangenehme Bemühung die Sie meinethalben übernommen und versichere daß mir eine Ordre wie die auch wenn ich sie verdienet durch die Hand die sie mir überbrachte, versüßt worden wäre. Da ich aber nach meiner Überzeugung erst gehört werden müßte, ehe man mich verdammte und meine Ehre die mir lieber als tausend Leben ist, mich durch Annehmung dessen was Sie mir von unbekannter Hand hinzugelegt eines mir unbewußten Verbrechens schuldig zu bekennen, nimmermehr erlauben wird, so verzeihen Sie daß ich diese beigefügte Gnade nicht annehmen sondern um Gerechtigkeit bitten darf. Es ist nicht seit heute, daß [. . . .]

Hier ein kleines Pasquill das ich Goethen zuzustellen bitte,
mit der Bitte, es von Anfang – bis zu Ende zu lesen.
(WuBr 3, S. 516)

LENZ AN HERDER

29. oder 30. November 1776

Es freut mich bester Herder! daß ich eine Gelegenheit finde
Abschied von Dir zu nehmen. Freilich traurig genug, kaum
gesehen und gesprochen, ausgestoßen aus dem Himmel als
ein Landläufer, Rebell, Pasquillant. Und doch waren zwo
Stellen in diesem Pasquill die Goethe sehr gefallen haben
würden, darum schickt ichs Dir. Wie lange werdt Ihr noch
an Form und Namen hängen
     Ich gehe sobald man mich fort winkt, in den Tod aber
nicht, sobald man mich herausdrücken will. Hätt ich nur
Goethens Winke eher verstanden. Sag ihm das.
(WuBr 3, S. 517)

LENZ AN HERDER

2. Oktober 1779

[…] ich weiß selbst nicht was ich will, was ich soll – – aber
an wen anders kann, darf ich das schreiben als an Sie –
Freund Goethe – hat mich wohl vergessen – mag will wie
ich sehe sich in keins meiner Angelegenheiten mehr mischen, wird vielleicht durch jede Art meiner Zuschriften
selber soll ich sagen beleidigt? – – doch gewiß beunruhigt –
[…]
(WuBr 3, S. 579)

Mitte 1789

Was macht der unglücklich ausgelegte noch viel mehr als ich mißverstandne Goethe und seine Autorschaft? Hört man nichts von ihm?

(WuBr 3, S. 665)

14. Januar 1792

– Es ist schwürig mit meinen Geschwistern Briefwechsel zu führen, denn da ein Prof. in Gießen mir die Ehre erwiesen mich mit dem Romanschreiber – der aber in andern Ämtern dabei steht – Hn. Göthe in eine Liste zu setzen, so suchen und finden sie in allen meinen Briefen nichts als unverständliche Worte Poesie und Roman.

(WuBr 3, S. 683)

NACHLASSBLATT VON LENZ

Göthe *wühlt* in der phischen Natur, wie Fritz* die menschliche Seele durchgrübelt, u wie die Zartheit des Einen, nur
in höheren Regionen sich erheben mag, so treibt das unge-
stüme Feuer des andren, u der Stolz der nicht suchen darf
ohne zu finden, ihn bis ins innre Mark der Erde u der Ge-
beine; durchleuchtet das Licht mit neuem Strahl, belebt den
grauen Schatten, u bringt unter Gesetz u Regel was in wilder
bunter Verzweiflung sich vor ihm stellt.

(Ein Nachlaßblatt von Jakob Michael Reinhold Lenz**, erstmals veröffentlicht in: Matthias Luserke: Die Bändigung der wilden Seele. Literatur und
Leidenschaft in der Aufklärung. Stuttgart, Weimar 1995, S. 379).

---

  * D.i. Friedrich Heinrich Jacobi (1743-1819).
 ** Das Original befindet sich im Goethe-Museum Düsseldorf.

LENZ
DER WALDBRUDER

ein Pendant zu Werthers Leiden

ERSTER TEIL

ERSTER BRIEF
Herz an seinen Freund Rothe
in einer großen Stadt

Ich schreibe Dir dieses aus meiner völlig eingerichteten
Hütte, zwar nur mit Moos und Baumblättern bedeckt, aber
doch für Wind und Regen gesichert. Ich hätte mir nie vorgestellt, daß dies Klima auch im Winter so mild sein könne.
Übrigens ist die Gegend, in der ich mich hingebaut, sehr
malerisch. Grotesk übereinander gewälzte Berge, die sich
mit ihren schwarzen Büschen dem herunterdrückenden
Himmel entgegen zu stemmen scheinen, tief unten ein
breites Tal, wo an einem kleinen hellen Fluß die Häuser
eines armen aber glücklichen Dorfs zerstreut liegen. Wenn
ich denn einmal herunter gehe und den engen Kreis von
Ideen in dem die Adamskinder so ganz existieren, die einfa-
chen und ewig einförmigen Geschäfte und die Gewißheit
und Sicherheit ihrer Freuden übersehe, so wird mir das
Herz so enge und ich möchte die Stunde verwünschen, da
ich nicht ein Bauer geboren bin. Sie sehen mich oft ver-
wundrungsvoll an, wenn ich so unter ihnen herumschleiche
und nirgends zu Hause bin, mit ihrem Scherz und Ernst
nicht sympathisieren kann, so daß ich mich am Ende wohl
schämen und in ihre Form zu passen suchen muß, da sie
denn ihren Witz nach ihrer Art meisterhaft über meine Un-

behelfsamkeit wissen spielen zu lassen. Alles dies beleidigt mich nicht, weil sie meistens recht haben und ein Zustand wie der meinige durch die äußern Symptome die er veranlaßt, schon seit Petrarchs Zeiten jedermann zum Gespött dienen muß. Soll ich aber die Wahl haben, so ist mir der Spott des ehrlichen Landmanns immer noch Wohltat gegen das Auszischen leerer Stutzer und Stutzerinnen in den Städten.

Wenn Du einmal einen geschäftfreien Tag hast, so komm zu mir, Du bist der einzige Mensch, der mich noch zuweilen versteht. Herz

ZWEITER BRIEF
Fräulein Schatouilleuse an Rothen
der aufs Land gereist war, eine Frühlingskur zu trinken

Sagen Sie mir doch in aller Welt, wo mag Herr Herz hingekommen sein. Etwa bei Ihnen, so hab ich eine Wette gewonnen. Der Papa sagte heut, er habe seine Bedienung bei der Kanzlei niedergelegt und sei in den Odenwald gegangen, um Waldbruder zu werden. Da lachten wir nun alle, daß uns die Tränen von den Backen liefen, er aber schwur, es sei wahr. Ich schlug gleich eine Wette mit ihm ein, daß er bei Ihnen in Zornau wäre; schreiben Sie mir doch ob dem so ist, und ich will Ihnen auch viel Neues von ihm sagen, das Sie recht zu lachen machen wird.

Herz an Rothen
der dem Boten weiter nichts als einen Zettel mitgegeben,
auf dem mit Bleistift geschrieben war:
Herz! Du dauerst mich!

Ich danke Dir für Dein zuvorkommendes Mitleid. Das
Pressende und Drückende meiner äußern Umstände preßt
und drückt mich nicht. Es ist etwas in mir, das mich gegen
alles Äußere gefühllos macht.

Du hast vermutlich erfahren, daß mein letztes Geld, das
ich aus der Stadt mitgenommen, mir von einem schelmi-
schen Bauren gestohlen worden, der die Zeit abpaßte, als
ich unten war, Brot zu kaufen. Aber wozu sollte mir auch
das Geld? Wenn ich Mangel habe, gehe ich ins Dorf, und
tue einen Tag Tagelöhners Arbeit, dafür kann ich zwei Tage
meinen Gedanken nachhängen.

Ich bin glücklich, ich bin ganz glücklich. Ich ging gestern,
als die Sonne uns mitten im Winter einen Nachsommer
machte, in der Wiese spazieren, und überließ mich so ganz
dem Gefühl für einen Gegenstand der's verdient, auch
ohne Hoffnung zu brennen. Das matte Grün der Wiesen,
das mit Reif und Schnee zu kämpfen schien, die braunen
verdorrten Gebüsche, welch ein herzerquickender Anblick
für mich! Ich denke, es wird doch für mich auch ein Herbst
einmal kommen, wo diese innere Pein ein Ende nehmen
wird. Abzusterben für die Welt, die mich so wenig kannte,
als ich sie zu kennen wünschte – o welche schwermütige
Wollust liegt in dem Gedanken!

Beständig quält mich das, was Rousseau an einem Ort
sagt, der Mensch soll nicht verlangen, was nicht in seinen
Kräften steht, oder er bleibt ewig ein unbrauchbarer schwa-
cher und halber Mensch. Wenn ich nun aber schwach, halb

unbrauchbar bleiben will, lieber als meinen Sinn für das stumpf machen, bei dessen Hervorbringung alle Kräfte der Natur in Bewegung waren, zu dessen Vervollkommnung der Himmel selbst alle Umstände vereinigt hat. O Rousseau! Rousseau! wie konntest du das schreiben!

Wenn ich mir noch den Augenblick denke, als ich sie das erstemal auf der Maskerade sah, als ich ihr gegenüber am Pfeiler eingewurzelt stand und mir's war, als ob die Hölle sich zwischen uns beiden öffnete und eine ewige Kluft unter uns befestigte. Ach wo ist ein Gefühl, das dem gleich kommt, so viel unaussprechlichen Reiz vor sich zu sehen mit der schrecklichen Gewißheit, nie, nie davon Besitz nehmen zu dürfen. Ixion an Jupiters Tafel hat tausendmal mehr gelitten als Tantalus in dem Acheron. Wie sie so stand und alles sich um sie herdrängte und in ihrem Glanze badete, und ihr überall gegenwärtiges Auge keinen ihrer Bewunderer unbelohnt ließ. Sieh Rothe, diese Maskerade war der glücklichste und der unglücklichste Tag meines Lebens. Einmal kam sie nach dem Tanz im Gedränge vor mir zu stehen, als ich eben auf der Bank saß, und als ob ich bestimmt gewesen wäre, in ihren Zauberzirkel zu fallen, so dicht vor mir, daß ich von meinem Sitz nicht aufstehen konnte, ihr meinen Platz anzutragen, denn die Ehrfurcht hielt mich zurück, sie anzureden. Diese Attitüde hättest Du sehen und zeichnen sollen, das Entzücken, so nah bei ihr zu sein, die Verlegenheit ihr einen Platz genommen zu haben, o es war eine süße Folter, auf der ich diese wenige glückliche Minuten lag.

Wo bin ich nun wieder hineingeraten, ich fürchte mich alle die Sachen dem Papier anvertraut zu haben. Heb es sorgfältig auf, und laß es in keine unheiligen Hände kommen.

Herz

Fräulein Schatouilleuse an Rothen

Ha ha ha, ich lache mich tot, lieber Rothe. Wissen Sie auch
wohl, daß Herz in eine Unrechte verliebt ist. Ich kann nicht
schreiben, ich zerspringe für Lachen. Die ganze Liebe des
Herz, die Sie mir so romantisch beschrieben haben, ist ein
rasendes Qui pro quo. Er hat die Briefe einer gewissen Gräfin Stella in seine Hände bekommen, die ihm das Gehirn
so verrückt haben, daß er nun ging und sie überall auf-
suchte, da er hörte, daß sie in ** angekommen sei, um an
den Winterlustbarkeiten Teil zu nehmen. Ich weiß nicht,
welcher Schelm ihm den Streich gespielt haben muß, ihm
die Frau von Weylach für die Gräfin auszugeben, genug er
hat keinen Ball versäumt, auf dem Frau von Weylach war,
und ist überall wie ein Gespenst mit großen stieren Augen
hinter ihr hergeschlichen, so daß die arme Frau oft darüber
verlegen wurde. Sie bildet sich auch wirklich ein, er sei jetzt
noch verliebt in sie, und ihr zu Gefallen in den Wald hinaus-
gegangen. Sie hat es meinem Vater gestern erzählt. Melden
Sie ihm das, vielleicht bringt es ihn zu uns zurück und wir
können uns zusammen wieder weidlich lustig über ihn machen. Er muß recht gesund geworden sein auf dem Lande.
Ich wünscht ihn doch wieder zu sehen.

Rothe an Herz

Aber, Herz, bist Du nicht ein Narr, und zwar einer von den
gefährlichen, die, wie Shakespeare sagt, für ihre Narrheit
immer eine Entschuldigung wissen und folglich unheilbar
sind. Ich habe Dir aus Fräulein Schatouilleusens Brief be-

greiflich gemacht, daß Dein ganzer Troß von Phantasei irre gegangen wäre, daß Du eine andere für Deine Gräfin angesehen hättest, und Du willst doch noch nicht aus Deinem Trotzwinkel zu uns zurück. Du seist nicht in ihre Gestalt verliebt gewesen, sondern in ihren Geist, in ihren Charakter, Du könntest Dich geirrt haben, wenn Du zu dem eine andere Hülle aufgesucht hättest, aber der Grund Deiner Liebe bleibe immer derselbe und unerschütterlich. Solltest Du aber nicht wenigstens, da Du doch durchaus einer von denen sein willst, die mit Terenz

insanire cum ratione volunt

durch Abschilderung dieses Charakters, dieses Geistes das Abenteuerliche Deiner Leidenschaft bei Deinem Freunde zu rechtfertigen suchen? Vielleicht könntest Du hierin eben sowohl eines Irrtums überwiesen werden als in jenem, und dafür scheint es, ist Dir bange.

Alle Deine Talente in eine Einsiedelei zu begraben – Und was sollen diese Schwärmereien endlich für ein Ende nehmen? Höre mich, Herz, ich gelte ein wenig bei den Frauenzimmern, und das bloß, weil ich leichtsinnig mit ihnen bin. Sobald ich in die hohen Empfindungen komme, ist's aus mit uns, sie verstehen mich nicht mehr, so wenig als ich sie, unsere Liebesgeschichtchen haben ein Ende. Ich schreibe Dir dies nicht, Dich in Deinem Vorhaben wankend zu machen, ich weiß, daß Du einen viel zu originellen Geist hast, um Deine Eigentümlichkeit aufgeben zu wollen, aber ich sage Dir nur wie ich bin, ich klage Dir meine kleinen Empfindungen auf der Querpfeife, wie Du Deine auf dem Waldhorn. Siehst Du, so bin ich in einer beständigen Unruhe, die sich endlich in Ruhe und Wollust auflöst und dann mit einer reizenden Untreue wechselt. So wälze ich mich von Vergnügen auf Vergnügen, und da kommen mir Deine Briefe eben recht, unsern eingeschrumpften Gesellschaften

Stoff zum Lachen zu geben. Es sticht alles so schrecklich mit unsrer Art zu lieben ab. Nun lebe wohl und besinne Dich einmal eines Bessern.   Rothe

SECHSTER BRIEF
Herz an Rothe

Das einzige, was mir in Deinem letzten Briefe erträglich war, ist die Stelle, da Du eine Abschilderung von dem Charakter des Gegenstandes meiner einsamen Anbetung wünschtest, das übrige habe ich nicht gelesen. Zwar scheint auch in diesem Wunsch nur die Bosheit des Versuchers durch, der dadurch, daß er mein Geheimnis aus meinem Herzen über die Lippen lockt, mir dasselbe gern gleichgültiger machen möchte. Aber sei es, es soll Dir dennoch genug geschehen. Zwar weiß ich wohl, wie vielen Schaden ich ihr durch meine Beschreibungen tue, aber dennoch wirst Du, wenn Du klug bist und Seele hast, Dir aus meinem Gestotter ein Bild zusammensetzen können.

Denke Dir alles, was Du Dir denken kannst, und Du hast nie zu viel gedacht – doch nein, was kannst Du denken? Die Erziehung einer Fürstin, das selbstschöpferische Genie eines Dichters, das gute Herz eines Kindes, kurzum alles, alles beisammen, und alle Deine Mühe ist dennoch vergeblich, und alle meine Beschreibungen abgeschmackt. So viel allein kann ich Dir sagen, daß Jung und Alt, Groß und Klein, Vornehm und Gering, Gelehrt und Ungelehrt, sich herzlich wohl befinden wenn sie bei ihr sind, und jedem plötzlich anders wird wenn sie mit ihm redt, weil ihr Verstand in das Innerste eines jeden zu dringen, und ihr Herz für jede Lage seines Herzens ein Erleichterungsmittel weiß. Alles das leuchtet aus ihren Briefen, die ich gelesen habe, die ich bei mir habe und auf meinem bloßen Herzen trage. Sieh, es lebt und atmet darinnen eine solche Jugend, so viel Scherz und Liebe und Freude, und ist doch so tiefer Ernst die Grundlage von alle dem, so göttlicher Ernst – der eine ganze Welt beglücken möchte!

Rothens Antwort

Dein Brief trägt die offenbaren Zeichen des Wahnsinns, würde ein andrer sagen, mir aber, der ich Dir ein für allemal durch die Finger sehe, ist er unendlich lieb. Du bist einmal zum Narren geboren, und wenigstens hast Du doch so viel Verstand, es mit einer guten Art zu sein.

Ich lebe glücklich wie ein Poet, das will bei mir mehr sagen, als glücklich wie ein König. Man nötigt mich überall hin und ich bin überall willkommen, weil ich mich überall hinzupassen und aus allem Vorteil zu ziehen weiß. Das letzte muß aber durchaus sein, sonst geht das erste nicht. Die Selbstliebe ist immer das, was uns die Kraft zu den andern Tugenden geben muß, merke Dir das, mein menschenliebiger Don Quischotte! Du magst nun bei diesem Wort die Augen verdrehen, wie Du willst, selbst die heftigste Leidenschaft muß der Selbstliebe untergeordnet sein, oder sie verfällt ins Abgeschmackte und wird endlich sich selbst beschwerlich.

Ich war heut in einem kleinen Familienkonzert, das nun vollkommen elend war und in dem Du Dich sehr übel würdest befunden haben. Das Orchester bestand aus Liebhabern, die sich Taktschnitzer, Dissonanzen und alles erlaubten, und Hausherr und Kinder die nichts von der Musik verstunden, spähten doch auf unsern Gesichtern nach den

Mienen des Beifalls, die wir ihnen reichlich zumaßen, um den guten Leuten die Kosten nicht reu zu machen. Nicht wahr, das würde Dir eine Folter gewesen sein, Kleiner? besonders da seine Töchter mit den noch nicht ausgeschrienen Singstimmen mehr kreischend als singend uns die Ohren zerschnitten. Da in laute Aufwallungen des Entzückens auszubrechen und *bravo, bravissimo* zu rufen, das war die Kunst – und weißt Du, womit ich mich entschädigte? Die Tochter war ein freundlich rosenwangigtes Mädchen, das mich für jede Schmeichelei, für jede herzlichfalsche Lobeserhebung mit einem feurigen Blick bezahlte, mir auch oft dafür die Hand und wohl gar gegen ihr Herz drückte, das hieß doch wahrlich gut gekauft. Ich weiß, Du knirschest die Zähne zusammen, aber mein Epikureismus führt doch wahrhaftig weiter, als Dein tolles Streben nach Luft- und Hirngespinsten. Ich weiß, das Mädchen denkt doch heute den ganzen Abend mit Vergnügen an mich, warum soll ich ihr die Freude nicht gönnen, daß sie sich mit dem Gedanken an mich zu Bette legt.

Willst Du's auch so gut haben, komm zu uns, ich will gern die zweite Rolle spielen, wenn ich Dich nur zum brauchbaren Menschen machen kann. Was fehlte Dir bei uns? Du hattest Dein mäßiges Einkommen, das zu Deinen kleinen Ausgaben hinreichte, Du hattest Freunde, die Dich ohne Absichten liebten, ein Glück das sich Könige wünschen möchten, Du hattest Mädchen die an kleinen Netzen für Dein Herz webten, in denen Du Dich nur so weit verstricktest, als sie Dir behaglich waren, hernach flogst Du wieder davon und sie hatten die Mühe Dir neue zu weben. Was fehlte Dir bei uns? Liebe und Freundschaft vereinigten sich, Dich glücklich zu machen, Du schrittst über alles das hinaus in das furchtbare Schlaraffenland verwilderter Ideen!

Nichts lieblicher als die Eheknoten, die für mich geschlungen werden und an denen ich mit solcher Artigkeit unten weg zu schleichen weiß. Denk was für ein Aufwand von Reizungen bei alle den Geschichten um mich her ist, welch eine Menge Charaktere sich mir entwickeln, wie künstliche Rollen um mich angelegt und wie meisterhaft sie gespielt werden. Das ergötzt meinen innern Sinn unendlich, besonders weil ich zum voraus weiß, daß sich die Leute alle an mir betrügen, und mir hernach doch nicht einmal ein böses Wort darum geben dürfen. So gut würde Dir's auch werden, wenn Du mir folgtest; wäre doch besser, unter blühenden und glühenden Mädchen in Scherz und Freude und Liebkosungen sich herumzuwälzen, als unter Deinen glasierten Bäumen auf der gefrornen Erde. Was meinst Du, Herz? Lachst Du? Narr, wenn Du lachen kannst, so ist alles gewonnen.

ACHTER BRIEF
Antwort Herzens an Rothen

Deine Briefe gefallen mir immer mehr und mehr, obschon ich Deine Ratschläge immer mehr und mehr verabscheue, und das bloß, weil der Ton in denselben mit dem meinigen so absticht, daß er das verdrüßliche Einerlei meines Kummers auf eine pikante Art unterbricht. Fahre fort, mir mehr zu schreiben, es ist mir alles lieb, was von Dir kommt, sollte mir's auch noch so viel Galle machen.

Sei glücklich unter Deinen leichten Geschöpfen, und laß mir meine Hirngespinste. Ich erlaub es Euch sogar, über mich zu lachen, wenn Euch das wohltun kann. Ich lache nicht, aber ich bin glücklicher als Ihr, ich weide mich zuweilen an einer Träne, die mir das süße Gefühl des Mitleids mit mir selbst auf die Wange bringt. Es ist wahr, daß ich alles hier begrabe, aber eben in dieser Aufopferung findt mein Herz eine Größe, die ihm wieder Luft macht, wenn seine Leiden zu schwer werden. Niemanden im Wege – welch eine erhabene Idee! ich will niemanden in Anspruch nehmen, niemand auch nur einen Gedanken kosten, der die Reihe seiner angenehmen Vorstellungen unterbricht. Nur Freiheit will ich haben, zu lieben was ich will und so stark und dauerhaft, als es mir gefällt. Hier ist mein Wahlspruch, den ich in die Rindentüre meiner Hütte eingegraben:

> Du nicht glücklich, kümmernd Herz?
> Was für Recht hast du zum Schmerz?
> Ist's nicht Glück genug für dich,
> Daß sie da ist, da für sich?

NEUNTER BRIEF
Rothe an Herz

Wenn wir uns lange so fortschreiben, so geraten wir beide in eine Geschwätzigkeit, die zu nichts führt. Du willst unterhalten sein und ich kann und mag Dich nicht unterhalten. Alles was ich Dir schrieb, war, um Dich zurückzubringen, willst Du nicht, so laß bleiben, kurz und gut. Alle Deine Klagen und Leiden und Possen helfen Dir bei uns zu nichts, wir Deine wahren Freunde und Freundinnen und alle Vernünftigen – verzeih mir's, was können wir anders tun – lachen darüber – ja lachen entweder Dich aus der Haut und der Welt hinaus – oder wieder in unsre bunten Kränzchen zurück.

Du tätest also besser, wenn Du mir nicht mehr schriebest. Ich komme nicht zu Dir, das hab ich verschworen.

Aber ich erwarte Dich bei mir, wenn Du mich wieder einmal
zu sehen Lust hast.   Rothe

Die Antwort auf diesen Brief blieb aus.

Honesta an den Pfarrer Claudius
einen ihrer Verwandten auf dem Lande

Wissen Sie auch wohl, daß wir hier einen neuen Werther
haben, noch wohl schlimmer als das, einen Idris, der es in
der ganzen Strenge des Wortes ist, und zu der Nische die
Herr Wieland seinem Helden am Ende leer gelassen hat,
mit aller Gewalt ein lebendes Bild sucht. Kurz, es ist der
junge Herz, den Sie bisweilen in unserm Hause müssen gesehen haben, er war sehr einschmeichelnd beim Frauenzimmer, aber immer in seinen Ausdrücken etwas romantisch, welches mir um soviel besser gefiel. Er hat im ganzen
Ernst seine Bedienung niedergelegt, und ist in den Odenwald gegangen und Einsiedler geworden. Jedermann redt
davon und bedaurt das Unheil, das solche Schriften anrichten. Ich aber behaupte, daß der Grund davon in seinem
Herzen liegt, und daß er auch ohne Werther und Idris das
geworden wäre, was er ist.

Die Person, die er liebt, ist eine Gräfin, die in der Tat ein
rechtes Muster aller Vollkommenheiten ist, wie man sie mir
beschrieben hat. Sie tanzt wie ein Engel, zeichnet, malt
nach dem Leben, spricht alle Sprachen, ist mit jedermann
freundlich und liebreich, kurz sie verdient es wohl, daß eine
Mannsperson um sie den Kopf verliert. Alle ihre Stunden
sollen so eingeteilt sein, daß sie niemalen müßig ist, sie un-
terhält allein eine Korrespondenz, wozu mancher Staatsmi-

nister nicht Sekretärs genug finden würde, und die Briefe schreibt sie alle während der Zeit, da sie frisiert wird, auf der Hand, damit sie ihr von ihren übrigen Beschäftigungen nicht Zeit wegnehmen. Es muß ein liebes Geschöpf sein, sie soll von dem Unglück des armen Herz gehört haben, und darüber untröstlich sein, denn sie hat ein Gemüt, das nicht gern ein Kind beleidigen möchte. Er hat einige von ihren Briefen in die Hände bekommen, die sie während ihres Aufenthalts auf dem Lande an die Witwe Hohl hier geschrieben hatte. Sie wissen doch die Witwe Hohl in der Laubacherstraße in dem großen roten Hause. Herz soll bei ihr logiert haben. Das Seltsamste ist, daß er seinen Abgott noch nicht von Person kennt, obschon er alles angewandt, sie zu sehen zu kriegen. Er hat eine andere für sie angesehen und also eine ganz falsche Vorstellung von ihr in seine Zelle mitgenommen.

Die Fräulein Schatouilleuse kennt die Gräfin auch, weil sie oft in ihr Haus kommt, will aber nicht viel Gutes von ihr sagen. Sie meint, sie affektiere entsetzlich, nun ist das ganz natürlich, weil ihre Art zu denken von jener ihrer himmelweit unterschieden sein muß.

Man sagt die Gräfin wolle an den armen Herz schreiben, um ihn vielleicht wieder zurecht zu bringen. Ich habe nicht Zeit, Ihnen mehr zu sagen, obgleich ich sonst so ungern weiß Papier übrig lasse. Unser Haus ist voll Fremde, die zur Ostermesse gekommen sind. Wenn Sie doch auch auf einige Tage herein könnten. Der wunderliche Herr Hokum ist auch da.   Honesta

Herz an Rothen

Ich bin untröstlich, daß meine Einsiedlerei eine Fabel der Stadt wird. Gestern sind eine Menge Leute aus ** hier gewesen, die mich sehen und sprechen wollten, und mir einigemal zwar unter vielen andern den Namen derjenigen genannt haben, die ich den Wänden meiner Hütte und den leblosen Bäumen kaum zu nennen das Herz habe. Sollte etwas davon laut geworden sein, und durch Dich, Verräter? Du weißt allein, wer es ist, und wie viel mir daran gelegen, daß ihr Name auf den Lippen der Unheiligen nicht in meiner Gesellschaft ausgesprochen werde.

Auf diesen Brief erfolgte keine Antwort.

ZWÖLFTER BRIEF

Ich schreibe Dir dieses, obschon Du's nicht verdienst. Aber ich kann nicht, ich kann die Freude über alle mein Glück nicht bei mir behalten. Und da ich sonst gewohnt war mein Herz gegen Dich zu öffnen –

Wisse alles, Rothe, sie kennt mich, sie weiß, daß ich um ihrentwillen hier bin, wer muß ihr das gesagt haben?

Gestern konnt ich's fast nicht aushalten in meiner Hütte. Alles war versteinert um mich, und ich habe die Kälte in der härtesten Jahrszeit in meinem Vaterlande selbst nicht so unmitleidig gefunden. Ich nahm mir das Eis aus den Haaren, und es war mir nicht möglich, Feuer anzumachen; ich mußte also ziemlich spät ins Dorf hinabgehen, um mich zu wärmen.

Stelle Dir das Entzücken, die Flamme vom Himmel vor,

die meine ausgequälte Seele durchfuhr, als ich auf einmal Fackeln vor einem Schlitten auf mich zu kommen und bei deren Schein die Liverei meiner angebeteten Gräfin sah. Ich hielt sie dafür, ich betrog mich nicht. Sie war es, sie war es selbst, nicht die, die ich auf dem Ball gesehen, aber mein Herz sagte mir's, daß sie es sei, denn als sie mich sah, sie sah scharf heraus, hielt sie den Muff vor das Gesicht, um die Bewegungen ihres Herzens zu verbergen. Und wie groß, wie sprachlos war meine Freude, als ich hernach im Dorf hörte, sie habe sich durch ihre Bedienten nach einem gewissen Waldbruder erkundigen lassen, der hier in der Nähe wohnte.

Ich, so lebhaft gegenwärtig in ihrem Andenken – und in dieser Kälte kam sie heraus mich zu sehen – wenn es auch nur Spazierfahrt war, wie glücklich, daß meine Hütte sie auf diesen Weg locken mußte – vielleicht kann ich sie noch einmal sehen und sprechen. – Rothe! Gibt's eine höhere Aussicht für menschliche Wünsche?

BRIEF
der Gräfin Stella an Herz

Mein Herr! ich habe Ihren Zustand erfahren, er dauert mich. Von ganzem Herzen wünschte ich Unmöglichkeiten möglich zu machen. Indessen kommen Sie nach der Stadt, und wenn Ihnen damit ein Gefallen geschehen kann, mich zu sehen und zu sprechen, wie Herr Rothe mir versichert hat, so hoffe ich, es soll sich bei Ihrer Freundin, der Witwe Hohl, schon Gelegenheit dazu finden.   Stella

ZWEITER TEIL

Herz an Rothen
der in Geschäften nach Braunsberg gereist war

Da bin ich wieder, mein Wohltäter! in allem Rosenschimmer des Glücks und der Freude. Rothe! Rothe! was bist Du für ein Mensch. Wie hoch über den Gesichtskreis meines Danks hinaus! Ich habe auch nicht Zeit, das alles durchzudenken, wie Du mich geschraubt und geschraubt hast, mich wieder herzukriegen, mich über alle Hoffnung glücklich zu machen – ich kann's nur fühlen und schaudern indem ich Dir in Gedanken Deine Hände drücke. Ja ich habe sie gesehen, ich habe sie gesprochen – Dieser Augenblick war der erste, da ich fühlte daß das Leben ein Gut sei. Ja ich habe ihr vorgestammelt, was zu sagen ich Ewigkeiten gebraucht haben würde und sie hat mein unzusammenhängendes Gewäsch verstanden. Die Witwe Hohl, Du kennst die Plauderin, glaubte allein zu sprechen, und doch waren wir es, wir allein, die, obgleich stumm, uns allein sprechen hörten. Das läßt sich nicht ausdrücken. Alles was sie sagte war an die Witwe Hohl gerichtet, alles was ich sagte gleichfalls und doch verstand die Witwe Hohl kein Wort davon. Ich bekam nur Seitenblicke von ihr, und sie sah meine Augen immer auf den Boden geheftet und doch begegneten unsere Blicke einander und sprachen ins Innerste unsers Herzens was keine menschliche Sprache wird ausdrücken können. Ach als sie so auf einmal das Gesicht gegen das Fenster wandte und indem sie den Himmel ansah, alle Wünsche ihrer Seele auf ihrem Gesicht erschienen – laß mich Rothe, ich entweihe alles dies durch meine Umschreibungen.

Nun ist es wunderbar welch einen hohen Platz die Witwe Hohl in meinem Herzen einnimmt. Du weißt, welch eine Megäre von Angesicht sie ist, und doch kann ich mich in keiner einzigen Frauenzimmergesellschaft so wohl befinden als in ihrer. Ich verschwende Liebkosungen auf Liebkosungen an sie, und das nicht aus Politik sondern aus wahrer herzlicher Ergebenheit, denn es scheint mir daß sie wie Moses von dem Gesicht meiner Göttin einen gewissen Schimmer erhalten hat, der sie um und um zur Heiligen macht. Alle ihre Handlungen scheinen mir Abschattungen von den Handlungen meiner Gräfin, alle ihre Worte Nachhälle von den ihrigen. Wenn sie von ihr redt bekommt auch in der Tat ihr Medusenkopf gefälligere Mienen, eine gewisse himmlische Heiterkeit blitzt aus ihren Augen und ihre Reden erhalten alle eine gewisse Melodie in ihrem Munde, über die sie sich selbst zu wundern scheint. Sie redt deswegen gern von ihr. Und wer ist glücklicher dabei als ich? Zugleich habe ich an ihr gemerkt, daß sie keine gemeine Gabe des Vortrages hat. Besonders kann sie einen Charakter mit wahrer poetischer Kraft darstellen. Es scheint mir daß Frauenzimmer ihrer Art immer dadurch vor den schönen und artigen gewinnen, daß sie in einer gewissen Entfernung von den Leuten abstehen, die ihren Gesichtspunkt aus dem sie sie auffassen, immer unendlich richtiger macht. Sie sehen alles ganz was andere nur halb sehen. Kurzum, ich liebe sie, diese Olinde.

O Rothe! hundertmal fällt mir die Frau ein, die in einer katholischen Kirche gesessen wo sie von der lateinischen Predigt kein Wort verstand, außer einem gewissen Namen, der ihre Andacht erhielt, und dem zu Gefallen sie allein in die Kirche kam.

Du weißt, daß ich, um mich hier zu erhalten, weil ich meinen Dienst niedergelegt, den ganzen Tag informieren muß. Es mattet mich ein wenig ab, allen den verschiedenen Köpfen auf so verschiedene Art faßlich zu werden. Den Abend geh ich zur Erholung zur Witwe Hohl hinauf und wenn ich auch weiter nichts als den Namen einer gewissen Person aussprechen höre, so ist mir doch gleich wieder so wohl und kann mich so vergnügt zu Bette legen.

Ich sehe, ich sehe, daß sich die Witwe Hohl an mir betrügt. Aber laß sie, es ist ihr doch auch wohl dabei, und da es in meinem Vermögen nicht steht, einen Menschen auf der Welt durch Handlungen glücklich zu machen, so soll es mich wenigstens freuen, eine Person die auf diese Art der Glückseligkeit in der Welt schon Verzicht getan hatte, wenigstens durch ihre eigene Phantaseien glücklich gemacht zu haben. Unter uns, sie glaubt in der Tat, ich liebe sie. Noch mehr, auch andere Leute glauben's, weil ich ihr so standhaft den Hof mache. Ich liebe sie auch wirklich, aber nicht wie sie geliebt sein will.

Es wird mir fast zu lange, daß ich die Gräfin nicht sehe. Nirgends, nirgends ist sie anzutreffen. Und die ewige Sisyphusarbeit meiner täglichen Arbeiten ohne die mindeste

Freude und Erholung ermattet sehr. Wenn ich nur durch alle meine Mühe noch was ausrichtete. Ich zerarbeite mich an Leuten die träger als Steine sind und die, was das schlimmste ist, mich mit den bittersten Vorwürfen kränken, daß sie bei mir nicht weiter kommen können. Witwe Hohl spricht auch kein Wort von der Gräfin mehr.

Fräulein Schatouilleuse an Rothen

Was T – machen Sie denn so lange auf dem Lande, das ist ja nicht auszuhalten. Ihr Herz, den kriegt ja kein Mensch zu sehen, noch zu genießen, den hat die Witwe Hohl vermutlich an ihrem Bettstollen angebunden. Es ist doch schändlich, daß der Mensch ihr so hündisch getreu ist, da sie ihn offenbarlich hintergeht.

Wissen Sie auch was Neues Rothe, recht was Neues, daß die Gräfin Stella Braut ist und das mit einem garstigen alten Mann, der aber viel Geld hat. Diese Nachricht, versichert, wird Herrn Herzen übel schmecken. Wenn er sie nur nicht gar zu plump erfährt, ich glaube, er erschießt sich.

Wissen Sie mir nicht zu sagen, ob man in Braunsberg gute weiche Flockseide bekommt? Und was dort die chinesischen Blumen gelten. Bringen Sie mir welche mit, die Leute sind hier judenmäßig teuer.

Herz an Rothen

Bruder! es ist etwas auf dem Tapet, ich bin der glücklichste unter allen Sterblichen. Die Gräfin – kaum kann ich es meinen Ohren und Augen glauben – sie will sich mir malen lassen. O unbegreiflicher Himmel! wie väterlich sorgst du für ein verlaßnes verlornes Geschöpf. Meine letzten harrenden und strebenden Kräfte waren schon ermattet, ich erlag – ich richte mich wieder auf, ich stehe, ich eile ich fliege – fliege meinen großen Hoffnungen entgegen.

SIEBENTER BRIEF
Witwe Hohl an die Gräfin Stella

Ich habe endlich ein Mittel ausfindig gemacht, liebe Gräfin, das Bild, das Sie Herrn Rothen in seine Sammlung von Gemälden versprochen haben, ihm ohne daß es ein Mensch auf der Welt merkt für wen, zu verschaffen. Mein Freund Herz ist in genauer Verbindung mit einem hiesigen Maler, dieser soll, als ob ich ihn heimlich durch Herzen hätte bestellen lassen, Sie unvermutet auf meinem Zimmer überraschen, Sie müssen sich ein wenig erschrocken stellen, ich bitte Sie sodann um Verzeihung und sage, weil Sie bald weg von hier zu reisen gedächten, hätt ich mir die Gelegenheit zu Nutz machen wollen, bei Ihrem letzten Besuch wenigstens Ihr Bild auf der Stube zu behalten. Herz hat mir alles dies selbst so angegeben, und Sie können sich auf ihn verlassen daß er alles so beim Maler einrichten wird, daß Sie auf keine Weise dadurch kompromittiert werden.

ACHTER BRIEF
Herz an Rothen

Eben erhalte ich einen wunderbaren Brief von einem Obristen in hessischen Diensten, der ehmals mit mir in Leipzig zusammen studiert hat, und mir die Stelle als Adjutant bei ihm anträgt, wenn ich ihn nach Amerika begleiten will. Wie Rothe! dieser Sprung aus dem Schulmeisterleben auf die erste Staffel der Leiter der Ehre und des Glücks, der Himmelsleiter auf der ich alle meine Wünsche zu ersteigen hoffe. Was sagst Du dazu? Und ihr Bild nehme ich mit. Mit diesem Talisman in tausend bloße Bajonetter zu stürzen – Ha Rothe, daß Du fühlen könntest, wie mir das Herz schlägt! Künftige Woche läßt sie sich malen. O die großen Akkorde des Schicksals, des göttlichgütigen Schicksals, dem wir in den umwölkten Stunden durch unsere Verwünschungen soviel Unrecht tun. Hörst Du sie nicht auch? segnest Du sie nicht auch? Wie sich alles alles vereinigt, alles vereinigen muß – Warum antwortest Du mir denn nicht?

NEUNTER BRIEF
Rothe an den Obristen von Plettenberg

Hier überschick ich Ihnen, mein Gönner! einen mir auf mein Gewissen anvertrauten Brief Ihrer Gräfin Nichte. Es deucht mir, er enthalte eine nochmalige Vorbitte für den armen Herz, für dessen Schicksal in Amerika ihr bange ist. Er ist in der Tat nicht zum Soldaten gemacht, so sehr er sich's zu sein einbildet. Wäre es nicht möglich, daß Sie ihn dem Kurfürsten zu ** empfehlen könnten, zu der erledigten Hofjunkerstelle. Ich werde ihn Ihnen selber nach Celle bringen und über verschiedene Umstände seines Herkommens und seiner bisherigen Schicksale Ihnen mündlich nähere Aufschlüsse geben.

Herz an Rothe

Ewige Wonne ruhe auf diesem Tage und unter dem Schimmer des rosenlächelnden Himmels müssen sich an demselben zwo große Seelen, die das unerbittliche Schicksal lang von einander trennte, im höchsten Taumel der Liebe küssen.

Laß mich zu mir selber kommen Rothe, ich kann nicht reden – kann die Gefühle nicht ausdrücken – aber wenn es je Entzücken auf Erden gibt, so war es das. Sie wiederzusehn – nach so langem Schmachten – so wiederzusehn – siehst Du, alle die Wonne schneidt mir ins Herz, ich sitze da, halb ohne Atem, alle meine Pulse hüpfen, zittern für Freude und eine wollüstige Träne über die andere stürzt sich aus meinen Augen herab.

Die Geschichte dieses Tages – daß Du doch das alles nicht gesehen hast! Wie kann ich's erzählen? Ich kam mit dem Maler. Nein, ich schickte den Maler voraus und nach einem Weilchen kam ich nach. Sie saß ihm schon – saß da in aller ihrer Herrlichkeit – und ich konnte mich ihr gegenüberstellen und mit nimmersatten Blicken Reiz für Reiz, Bewegung für Bewegung einsaugen. Das war ein Spiel der Farben und Mienen! Wenn der Himmel mir in dem Augenblick aufgetan würde, könnt er mir nichts Schöners weisen. Das Vergnügen funkelte aus ihren Augen, o welch eine elysische Jugend blühend und düftend auf ihren Wangen, ihr Lächeln zauberte mir die Seele aus dem Körper in das weite Land grenzenloser Schimären. Und ihr Busen, auf dem sich mein ehrfurchtsvoller Blick nicht zu verweilen getraute, den Güte und Mitleid mir entgegenhob – Bruder ich möchte den ganzen Tag auf meinem Angesicht liegen, und danken, danken, danken –

Herz an Rothen

Welch ein schreckliches Ungewitter hat diesen himmlischen Sonnenschein abgelöst! Rothe, ich weiß nicht, ob ich noch lebe, ob ich noch da bin oder ob alles dies nur ein beängstigender Traum ist. Auch Du ein Verräter – nein, es kann nicht sein. Mein Herz weigert sich, die schrecklichen Vorspiegelungen meiner Einbildungskraft zu glauben und doch kann ich mich deren nicht erwehren. Auch Du Rothe – nimmermehr!

Schick mir das Bild zurück, oder ich endige schrecklich. Du mußt es nun haben dieses Bild und mit blutiger Faust werde ich's zurückzufodern wissen, wenn Du mir's nicht in gutem gibst.

Dein Stillschweigen, Dein geheimnisvolles Wesen gegen mich – gegen mich, Rothe – bedenke, was das sagen will – nein doch, ich kann es, kann es nicht glauben. Du kannst Dich eines so schwarzen Komplotts nicht schuldig gemacht haben.

Ich will Dir alles erzählen, aber ich fodere von Dir, daß du mir Aufrichtigkeit mit Aufrichtigkeit belohnst.

Ich flog den Nachmittag, sobald meine Informationen vorbei waren, zur Witwe Hohl hinauf – kannst Du Dir vorstellen, mit welchen Empfindungen? Ich wollte ihre beide Hände unbeweglich an meine Lippen drücken, mich auf die Knie vor ihr werfen, und ihr mit Blicken und Tränen für alle das Vergnügen danken, das sie mir den Vormittag verschafft hatte. Aber Gott! wie ward mir das versalzen. Ich fand sie – zu Bette. Mit der wahren Stimme einer Verzweifelnden redte sie mich an: Unglücklicher, fort von mir! was wollt Ihr bei mir – Was ist Ihnen, beste Witwe Hohl – Seht da Euer Werk, Verräter – Ich schuld an Ihrer Krankheit – Ja schuld an meinem Tode – Wodurch – Fragt Euer Herz, Bösewicht!

Ich war für Wut außer mir, ich fing an zu bitten, ich fing an zu schmeicheln, zu weinen, zu schwören – Welche grausame Verwirrungen hatte unser Mißverstand angerichtet, oder vielmehr meine Nachlässigkeit, sie eher aus ihrem Irrtum zu reißen. Sie war über mein Betragen den Vormittag eifersüchtig geworden – sie eifersüchtig – nie hatte ich mir das träumen lassen. Hätte sie doch nur einmal während der ganzen Zeit unserer Bekanntschaft in den Spiegel gesehen, wie viel Leiden hätte sie sich ersparen können! Indessen, der Mensch sucht seine ganze Glückseligkeit im Selbstbetrug. Vielleicht betrüge ich mich auch. Sei es was es wolle, ich will das Bild wieder haben, oder ich bringe mich um. – Nun kommt das Schlimmste erst. Ich hatte ihr gesagt, ich würde Dir das Bild zuschicken, weil ich wirklich glaubte, die Gräfin hätte vielleicht gewünscht daß Du es auch vorher sehen solltest, eh ich's nach Amerika mitnähme. Jetzt sagte sie mir, daß ich die Gräfin aufs grausamste und unverzeihlichste beleidigen würde, wenn ich ihr nicht mit einem Eide verspräche, Dir das Bild zuzuschicken und es nimmer wiederzufodern – Es nimmer wiederzufodern, sagte ich, wie können Sie das verlangen – Ja das verlange ich, sagte sie, und zwar auf Ordre der Gräfin, denn das erste ist schon geschehen.

Nun stelle Dir vor, sie hatte während meiner Abwesenheit mein Zimmer vom Hausherrn aufmachen lassen, und das Bild herausgenommen. Ich hatte mir vorgesetzt, davon eine Kopei nehmen zu lassen und sie Dir zuzusenden, das Original aber für mich zu behalten, weil des Malers Hand dabei sichtbarlich von einer unsichtbaren Macht geleitet ward und ich das was die Künstler die göttliche Begeisterung nennen, wirklich da arbeiten gesehen habe – und nun –

ich hätte sie mit Zähnen zerreißen mögen – alles fort – –
Rothe das Bild wieder, oder den Tod!

Dazu kommt noch, daß ich übermorgen reisen soll. Ich
wünschte ich könnte Dich abwarten. Schick nur, wenn Du
selbst nicht kommen kannst, das Bild an Fernand, der weiß
meine Adresse. O mein Herz ist in einem Aufruhr, der sich
nicht beschreiben läßt.

Was für Ursachen konnte die Gräfin haben, das Bild Dir
malen zu lassen? – Nein es ist ein Einfall der Witwe Hohl.
Antworte mir doch.   Herz

DRITTER TEIL

ERSTER BRIEF
Honesta an den Pfarrer Claudius

Sie wollen das Schicksal des armen Herz wissen und was ihn
zu einem so schleunigen und seltsamen Entschluß als der
ist nach Amerika zu gehen, hat bewegen können. Lieber
Pfarrer, um das zu beantworten muß ich wieder zurückgehn
und eine ziemlich weitläuftige Erzählung anfangen die mir,
da ich so gern Briefe schreibe, ein sehr angenehmer Zeitvertreib ist.

Ich habe seitdem vollständigere Nachrichten eingezogen
von Herzens erster Bekanntschaft mit der Witwe Hohl, von
der unglücklichen Leidenschaft die er für die Gräfin Stella
faßte, von den Ursachen die alle zusammentrafen, diese
Leidenschaft zu unterhalten, welches bei jedem vernünftigen Menschen sonst unbegreiflich sein würde, da die Gräfin nicht allein so weit über seinen Stand erhaben, sondern
auch seit fünf Jahren schon eine Braut mit einem gewissen
Obersten Plettenberg ist, der schon eine Kampagne wider
die Kolonisten in Amerika mitgemacht hat, bloß damit er

Gelegenheit habe, sich bis zum General oder Generallieutnant zu bringen, weil er sonst nicht wagen darf, bei dem Vater der Gräfin um sie anzuhalten. Heimlich ist aber unter ihr und ihren Verwandten alles mit ihm schon ausgemacht. – Alle diese Nachrichten sollen Ihnen den Schlüssel zu Herzens wunderbarem Charakter und Handlungen geben.

Diese Geschichte ist aber so wie das ganze Leben Herzens ein solch unerträgliches Gemisch von Helldunkel daß ich sie Ihnen ohne innige Ärgernis nicht schreiben kann. Kein Zustand der Seele ist mir fataler als wenn ich lachen und weinen zugleich muß, Sie wissen ich will alles ganz haben, entweder erhabene Melancholei oder ausgelassene Lustigkeit – indessen ist es nun einmal so und ich kann mir nicht helfen.

Die Witwe Hohl – Sie kennen die Witwe Hohl und ich brauche Ihnen ihre Häßlichkeit nicht zu beschreiben, doch wenn Sie sich nicht mehr auf ihr Gesicht erinnern sollten, sie hat eingefallene Augen, den Mund auf die Seite verzogen, der ein wahres Grab ist, das wenn sie ihn öffnet, Totenbeine weist, eine eingefallene Nase, kurz alles was häßlich und schrecklich in der Natur ist – hier lassen Sie mich aufstehn und abbrechen, die Beschreibung hat mich angegriffen, besonders wenn ich bedenke, daß der delikate, der fein organisierte Herz in sie verliebt war –

ZWEITER BRIEF

Die Witwe Hohl ist eine Person von vielem Vermögen, und was Sie mir nicht glauben werden, von einem außerordentlichen Verstande.

Sie können dies nur daraus sehen, daß sie wirklich den

Plan gemacht, dem jungen feinen scharfsichtigen Herz sein Herz zu entführen, und daß sie diesen Plan – welches mir das unbegreiflichste ist, ausgeführt hat. Ich weiß nicht durch welche Zaubermittel sie ihn in ihr Haus zu locken gewußt hat. Ich stelle mir's so vor, sie war in der ganzen Stadt bekannt daß sie eine große weitläuftige Korrespondenz mit Vornehmen und Gelehrten hat, die sie sich alle durch ihren Verstand verbindlich zu machen wußte. Herz, der immer ein Narr auf Charaktere war und in der wirklichen Welt sie aufzusuchen zuviel Ekel und Launen hatte, dachte hier einen reichen Fund zu tun, und – da sie für alle diese Korrespondenten zugleich immer Geschäfte machte – bei allen diesen Personen ihre Art sich zu benehmen, die verschiedenen Massen von Licht und Schatten, von Selbstliebe und Großmut, oder auch wohl, bei Leuten von geringerm Ton, von Geiz und Hochmut in ihrem Charakter hier gleichsam aus der ersten Hand zu haben. Nun kommt noch dazu, daß sie selbst eine ungemein große Gabe zu erzählen hat, sie weiß alle Gegenstände die sie einmal sieht, gleich so zu fassen und vorzutragen daß man sie auch zu sehen glaubt, kurz als Herz das erstemal mit ihr in Gesellschaft war, wo sie denn gleich einige ihrer Briefe hervorgezogen, und von ihr hörte, daß sie ein Zimmer in ihrem Hause um einen sehr wohlfeilen Preis zu vermieten habe, zog er sogleich des folgenden Tages bei ihr ein, und nun war er für alle unsere Gesellschaften verloren.

Er kam alle drei Tage nur in unser Haus und tat dabei so frostig, daß wir ihn immer nur das Tertianfieber nannten. Zuletzt blieb er gar weg und wer dabei am wenigsten verlor, das waren wir. Jetzo erst, da ich von dem Herrn Rothe den wahren Zusammenhang seiner Verirrungen erfahren, fange ich an, ihn zu bedauern.

Stellen Sie sich vor, sie kramte die Briefe der Gräfin aus,

die schon seit ihrer Kindheit mit ihr in großer Bekanntschaft steht und seit dieser Zeit her in ** alle Geschäfte durch sie hat machen lassen. Nun habe ich Ihnen die Gräfin Stella schon beschrieben, noch müssen Sie das wissen, sie schreibt wie ein Engel. Ich habe Briefe von ihr gesehen, sie weiß den allergeringsten Sachen so etwas Anzügliches zu geben, daß man sogar ihre kleinsten Kommissionen mit eben dem Interesse liest als den wohlgeschriebensten Roman. Mein Herz war hin, als er immer weiter in dieses Heiligtum trat, Brief für Brief dieser Charakter sich immer herrlicher ihm entwickelte, denn es waren hier Briefe von den ersten Jahren ihres Lebens an und sie hatte nie geglaubt, gegen die Witwe Hohl im geringsten sich verstellen oder, was heut zu Tage so allgemein ist, repräsentieren zu dürfen.

Nun beging die Witwe die grausame List, Herzen ganz und gar zu verhehlen, daß die Gräfin mit irgend einer Mannsperson auf der Welt in Verbindungen des Herzens stehe. Alle die neueren Briefe in denen etwas von Plettenberg vorkam, versteckte sie ihm sorgfältig, Herz der von jeher wie Sie wissen, vielleicht durch die Schicksale seiner Jugend, die sonderbar genug sein sollen, äußerst romantisch gestimmt war, glaubte es vielleicht möglich daß er dies Herz wenigstens zur Freundschaft gegen ihn durch Zeit Geduld und Sorgfalt stimmen könnte. Er faßte also den gigantischen Vorsatz, nicht abzulassen bis er es durch die Witwe Hohl so weit gebracht, daß die Gräfin Stella wenigstens seine Freundin würde. Auf der andern Seite faßte die Witwe Hohl, die wohl einsah daß Herz nur durch Reize der Seele gefesselt werden könnte und sich für die gewöhnlichen schönen und artigen Gesichte der Stadt zu gut hielt, gleichfalls den festen Vorsatz, nicht abzulassen bis sie es durch die Briefe der Gräfin dahin gebracht daß er sich ganz und gar an unsichtbare Vorzüge gewöhnte und wenn er sähe daß seine Leidenschaft für die Gräfin eine bloße Schimäre sei, sie als ihre vertrauteste Freundin an ihre Stelle setzte. Sie behielt also die Nachricht von ihrer geheimen Verbindung mit Plettenberg als den Theaterstreich zurück, der die ganze Katastrophe entscheiden sollte. Ich fürchte sehr, das Stück könne eher tragisch als komisch endigen.

Nun ging das Drama von beiden Seiten an und die Rollen wurden meisterhaft abgespielt. Witwe Hohl redete immer von der Gräfin und zog dadurch Herzen immer fester an sich. Sie ließ sogar bei der Erzählung von den Jugendjahren derselben ihren ganzen Witz und ihr ganzes Herz mit all seinen Hoffnungen Teil nehmen, welches ihren Augen so wie ihren Ausdrücken ein Feuer gab, das Herzen oft ganz bezauberte. Er trank das süße Gift begierig in sich, doch brauchte er die Vorsicht, bei alledem eine gewisse Kälte und Gleichgültigkeit zu affektieren und das was die wütendste Leidenschaft in seinem Herzen war als frostige Bewunderung einzukleiden, welches auf der andern Seite die Witwe Hohl an ihm bezauberte, die denn dadurch immer besser humorisiert, immer, daß ich so sagen mag, begeisterter wurde, so daß beiden nie besser zu Mut war als wenn sie auf diese Materie kamen und sie von allen Diskursen des gemeinen Lebens immer Gelegenheit zu finden wußten, dahin einzulenken. Dazu kam noch, daß diese Materie ein unvergleichlicher Probierstein ihres Witzes war, bei alledem ihren Zweck immer vor Augen zu behalten und mit unmerklichen aber ihrer Meinung nach sehr festen und zuverlässigen Schritten ihren großen Staatsgefangenen demselben entgegenzuführen. Zu dem Ende ließ sie von Zeit zu Zeit einige nicht gar zu vorteilhafte Beschreibungen von dem Gesicht der Gräfin mit unterlaufen, sagte aber alle diese kleinen Fehler würden von den Eigenschaften ihres Gemüts so verdunkelt – ich kann nicht schreiben, lieber Pfarrer, ich muß laut lachen wenn ich mir das Gesicht der Witwe bei diesen Reden denke und die erstaunte und verlegene Miene, mit der Herz ihr muß zugehört haben.

DRITTER BRIEF

So trieb es so weit, daß sie in ihren Briefen an die Gräfin von ihrer neuen Bekanntschaft mit Herzen redte oder vielmehr mit dieser neuen und seltenen Eroberung prahlte, da sie denn wie natürlich auf die Beschreibungen die sie von seinem Charakter gemacht und die ausschweifend vorteilhaft waren, von der Gräfin auch für ihn sehr vorteilhafte Ausdrücke zur Antwort erhalten mußte. Sie hielt diese Kriegslist für notwendig, um das Feuer das sie einmal in seinem Herzen angeblasen und das er aus Politik auf seinem Gesicht oft sehr trüb und dunkel brennen ließ, nicht auslöschen zu lassen. Wer war glücklicher als Herz? Er suchte in allen diesen Ausdrücken der ganz und gar unschuldigen Gräfin wahre Spuren dessen was er für sie fühlte, und nun ging's mit seinem Verstande Genie und Talenten Galopp berghinunter. Er hörte, sie sei zu den Winterlustbarkeiten in ** angekommen. Er lief überall wie ein Wahnwitziger herum, sie zu suchen, sie zu sehen, das Bild zu dieser unsichtbaren Gottheit zu finden, die er anbetete. Sie können sich vorstellen, daß er sich alles hat kosten lassen, und so mußte er bei seinem schmalzugeschnittenen Vermögen notwendiger Weise in Schulden geraten. Endlich als ihm das Geld ausging und ihm niemand mehr borgen wollte, denn soviel Vernunft war ihm immer noch übrig geblieben, daß er sich, auch wenn's ihm das Leben gekostet hätte, nie um Geld an die Witwe Hohl wenden wollte, um ihr kein

Recht über ihn zu geben, worauf sie nur lauerte – marschierte er aus der Stadt und in eine Einsiedelei, wo kein Mensch weiter von ihm hörte oder sah.

Rothe war hinter alles das gekommen. Er hat seit langer Zeit Zutritt in dem Hause der Gräfin, so wie er überhaupt hier in den besten Häusern hat, weil er von den Großen in wichtigen Geschäften mit Erfolg gebraucht wird und seine persönlichen Gaben seine Gesellschaft zu der angenehmsten von der Welt machen. Er versuchte alles, Herzen wieder in die Stadt zu bringen, da alles vergeblich war, wandte er sich an die Gräfin und erzählte ihr aufrichtig den Verlauf der Sache und die komplizierte Rolle, die die Witwe Hohl bei derselben gespielt. Die Gräfin, wie Sie sich leicht vorstellen können, war ganz innigstes tiefstes Bedauern für die Verirrung eines Menschen von so vielen Talenten, wie Rothe ihr den Herz beschrieb, und bat ihn ihr ein Mittel an die Hand zu geben, ihn vielleicht zu heilen. Rothe wußte ihr kein bessers vorzuschlagen, als daß sie sich etwa für ihn malen ließe, damit er doch einige Entschädigung für seine getäuschten Hoffnungen hätte, und alsdenn wollten sie dafür sorgen, ihn zu entfernen und darüber mit Plettenberg selber korrespondieren, der von der ganzen Sache unterrichtet werden mußte, weil sie schon eine Fabel in der Stadt geworden war. Das geschah, Plettenberg schlug vor, ihn nach Amerika mitzunehmen, um gegen die Kolonisten zu dienen. Das Wunderbarste war, daß Plettenberg ihn schon ehmals auf der Akademie gekannt und daselbst viel Freundschaft für ihn gefaßt hatte. Er trug ihm also die Stelle als Adjutant bei seinem Regiment an, die denn auch Herz mit beiden Händen annahm, weil er glaubte, dies sei die Laufbahn an deren Ziel Stella mit Rosen umkränzt ihm den Lorbeer um seine Schläfe winden würde.

Sie hatten zugleich den Plan gemacht, dem armen Herz

nichts von ihrer Verbindung mit Plettenberg merken zu lassen, sondern ihn in seinem lieben Irrtum fortträumen zu lassen, bis Zeit und Entfernung ihn von selbst in den Stand setzten einen solchen Todesstreich auszuhalten. Denn jetzt war nichts anders als sein unvermeidlicher Untergang abzusehen, sobald er ihn erführe. Unterdessen sollte Plettenberg aus Amerika zurückkommen, und in Abwesenheit unsers Ritters die Hochzeit vollziehen, den er denn solange von Europa entfernt halten konnte als es ihm gelegen war.

Dieser Plan ist grausam genug, indessen ist er doch der einzig erträgliche für einen so gespannten Menschen als Herz ist. Sie haben auch wirklich den Anfang gemacht ihn auszuführen: wie er ausgehen wird weiß der Himmel, ich mache immer die Augen zu, wenn ich daran denke.

Nun stellen Sie sich vor, was die arme liebenswürdige Gräfin dabei leidet. Einen Menschen unglücklich zu sehen bloß dadurch daß sie so vollkommen ist, mit dazu beigetragen zu haben, ohne daß sie im mindesten die Absicht dazu gehabt, die schröcklichsten Aussichten für diesen Menschen vor sich zu sehen den sie sich nicht entbrechen kann, hochzuschätzen, dessen Schwärmerei für sie selbst das schönste Kolorit seines Charakters macht. Auf der andern Seite eines Liebhabers zu schonen, der schon fünf Jahre her die redendsten Proben seiner Treue gegeben hat und mit dem sie die glücklichsten Tage voraussieht. – Sie hat sich wirklich für Herzen malen lassen, wobei die Witwe Hohl immer die Hand mit im Spiel gehabt, weil Plettenberg dies nicht erfahren sollte. Sie wissen, die Delikatesse eines Liebhabers kann durch nichts so sehr beleidigt werden, als auch nur das Bild von seiner Angebeteten in fremden Händen zu wissen.

So stehen die Sachen, lieber Pfarrer! und so wie ich höre soll Herz wirklich gestern abends zu den hessischen

Truppen abgegangen sein die nach Amerika eingeschifft werden. Er schwimmt jetzt in lauter seligen Träumen von Liebe und Ehre, ich fürchte, das Aufwachen wird schrecklich sein.

Ich kenne Plettenberg von Person, er ist nicht schön und schon bei Jahren hat aber vielen Verstand und ein ungemein empfindliches Herz, Geld genug hat er und könnte die äußern Glücksumstände des armen Herz sehr leicht in guten Stand setzen. Aber welche Entschädigung für einen solchen Verlust und bei einem Menschen wie Herz ist! dessen ganzes Glück in Träumen besteht und der das, was man solid nennt, mit Füßen tritt.

Leben Sie wohl und verzeihen Sie daß ich soviel geplaudert habe. Nicht wahr ich hab eine gute Anlage zur Romanenschreiberin?

VIERTER TEIL

ERSTER BRIEF
Rothe an Plettenberg

Herz ist weggereist, bester Plettenberg, ohne mich abzuwarten. Sie sehen, er ist wie ein wilder mutiger Hengst, den man gespornt hat, der Zaum und Zügel verachtet. Auch machen mir's meine Geschäfte unmöglich, ihm gleich nachzureisen oder ihn noch einzuholen, ehe er zu Ihnen kommt. Ich will ihm also diese kleine Empfehlung als einen Vorreiter vorausschicken, damit Sie wissen, wie Sie ihn zu empfangen haben. Denn ich zweifle, obschon Sie in Leipzig mit ihm studiert, daß Sie mir diesen seltsamen Menschen ganz kennen.

Er ist – daß ich's Ihnen kurz sage – der unechte Sohn einer verstorbenen großen Dame, die vor einigen zwanzig

Jahren noch die halbe Welt regierte. Er war die Frucht ihrer letzten Liebe und als eine solche einem gewissen Großen zur Erziehung anvertraut worden, der ihn bei ihrem Hintritt sehr scharf hielt. Endlich ließ er ihn mit seinen Kindern unter der Aufsicht eines Hofmeisters reisen, der nun freilich dem wunderbaren Charakter unsers Herz auf keine Weise zu begegnen wußte und das Ansehen das er von dem Grafen ** über ihn erhalten, auf das niederträchtigste mißbrauchte. Herz, der überall zu Hause zu sein glaubte, setzte sich im zwölften Jahr mit einigen dreißig Dukaten, die er von ihm hatte ausholen können, auf die Post, und reiste heimlich *à l'aventure* nach Frankreich.

Hier kam er in die elendesten Umstände. Sein Geld ging zu Ende, er verstund wenig oder nichts von der Sprache, mit dem allen, so wie das ein Hauptzug in seinem Charakter ist den er vielleicht mit mehrern seiner Nation gemein hat, alle seine Vorsätze nur einmal zu fassen und durch nichts in der Welt sich davon abbringen zu lassen, war er auch jetzt durch keine Umstände mehr zu bewegen, den Schritt zu seinem Hofmeister oder zum Grafen ** zurück zu tun. Er beharrte also unveränderlich darauf, in Frankreich zu bleiben und da er den großen Abstand der französischen von den Sitten seines Vaterlandes sah, sich mit seinen eigenen Fähigkeiten und Fleiß durch alle Klassen selber hindurchzutreiben, um das Eigentümliche dieser Nation die er an Kultur so weit über der seinigen glaubte sich dadurch ganz zu eigen zu machen. Dieser abenteuerliche Vorsatz gelung ihm. Er wußte sich durch seine Gelehrigkeit und durch die guten Eigenschaften seines Geistes und Herzens in dem Hause eines reichen Bankiers so zu empfehlen, daß er ihn alles lernen ließ was er verlangte, und mit seinem Gelde und Ansehen unterstützte. Bei diesem hat er den Namen Herz angenommen, den er auch nachher immer beibehalten hat und keinem Menschen als mir von seinen Schicksalen was hat merken lassen.

Dieser war es auch der ihn nach Leipzig schickte um Deutsch zu lernen, wo Sie ihn denn müssen gekannt haben. Als er zurückkam, brauchte er ihn hauptsächlich zu seiner Korrespondenz und hat ihm, so wie man auch nicht anders konnte, wenn man näher mit ihm umging, sein ganzes Herz geschenkt. Endlich verschickte er ihn, um dem Bankerut eines der größten Häuser vorzubeugen, nach der Hauptstadt wo er sich auch mit so vieler Ehre dieses Geschäfts entledigte, daß er von beiden eine jährliche Pension erhielt, die er verzehren konnte, wo er wollte. Er ging nach Holland damit, weil er von jeher das Land zu sehen gewünscht hatte wo Peter der Große Schiffszimmermann gewesen, weil er aber zu nachlässig war die Gewogenheit seiner Wohltäter durch öftere Briefe zu unterhalten, so verlor er die Pension, kam darauf ins Clevische, von da er endlich hieher gekommen ist.

Sehen Sie hier die wunderbare Landkarte seiner Schicksale. Sollte ich Ihnen aber die Geschichte seines Herzens erzählen und wie viel Anteil die an seinen äußern Umständen und Begebenheiten gehabt hat, so würde Ihre Verwunderung und vielleicht Ihr Mitleid noch höher steigen.

ZWEITER BRIEF
Herz an Rothen
einige Meilen vor Celle

Das Bild Rothe! oder ich bin des Todes – Ich eile ihm immer näher, dem Ort meiner Bestimmung und ohne sie – Ist mir's doch, als ob ich zum Hochgericht ginge. – Rothe wärest Du etwa ein Bösewicht? Was für Ursachen kannst Du haben,

mir das Bild vorzuenthalten. Es ist so schrecklich, so un-
menschlich grausam. Bedenke wo ich hin soll – und ohne
sie!

Rothe an Plettenberg

Ich kann nicht anders, ich muß meinem vorigen noch einen
Brief nachschicken. Sie sollten nicht glauben, was alle diese Schicksale, mit dem Abstechenden und Befremdlichen
das er an allen Charakteren und Sitten in Frankreich und
Deutschland gegen die Charaktere und Sitten seines Vaterlandes gefunden, seiner Seele für eine wunderbarromanti-
sche Stimmung gegeben haben. Er lebt und webt in lauter
Phantasien und kann nichts, auch manchmal nicht die un-
erheblichste Kleinigkeit aus der wirklichen Welt an ihren
rechten Ort legen. Daher ist das Leben dieses Menschen ein
Zusammenhang von den empfindlichsten Leiden und Pla-
gen, die dadurch nur noch empfindlicher werden, daß er sie
keinem Menschen begreiflich machen kann. Er hat sich
nun einmal eine gewisse Fertigkeit gegeben, die seine andere Natur ist, alle Menschen und Handlungen in einem
idealischen Lichte anzusehen. Alle Charaktere und Meinungen die von den seinigen abgehen, scheinen ihm so
groß, er sucht soviel dahinter, daß er mit lauter außerordentlichen Menschen, gigantischen Tugendhelden oder Böse-
wichtern umgeben zu sein glaubt, und ihm gar nicht
begreiflich gemacht werden kann, daß der größte Teil der
Menschen mittelmäßig ist, und weder große Tugenden
noch große Laster anders als dem Hörensagen nach ken-
net.

Nun nehmen Sie diesen Menschen, wenn er verliebt
ward, was der in seine Schönen hineinlegte. Dreimal ist er

so angelaufen, endlich verzweifelte er an dem ganzen weiblichen Geschlecht und was er ihnen vorhin zu viel beilegte, traute er ihnen jetzt zu wenig zu.

Nun stellen Sie sich vor, was die Entdeckung eines solchen Charakters wie der Ihrer Braut war, auf ihn für einen Eindruck muß gemacht haben. Er sah, dachte, hörte, fühlte jetzt nun nichts als die Erscheinung einer Gottheit, die in weiblicher Gestalt auf die Erde gekommen wäre, ihn von seinem lästerlichen Irrtum zurückzubringen. Desto mehr aber haben wir jetzt von ihm zu befürchten, da sein Verstand mit seiner wilden taumelnden Einbildungskraft nun gemeine Sache macht.

Ich muß Ihnen doch, um Ihnen seine Art zu lieben ein wenig ins Licht zu setzen, von den drei Liebesgeschichten seiner Jugend, soviel ich davon weiß, eine Idee geben. Seine erste Liebe war in Rußland, als er erst elf Jahr alt war, und dazu in die Mätresse des alten Grafen ** selbst, bei dem er im Hause war. Stellen Sie sich vor, wie aufbrausend schon die kindische Einbildungskraft dieses Menschen gewesen sein muß, da er in dieser wirklich liederlichen Weibsperson das Gegenbild zu dem Ideal zu finden glaubte, das er sich von der Nymphe des Telemachs, den sein Hofmeister mit ihm exponierte, gemacht. Dieses Ideal wurde nun aber schändlich über den Haufen geworfen, als er sie mit dem alten Grafen einmal im Bette antraf – Seine zweite Liebe war die Nichte des Kaufmanns in Lyon, deren lebhafter Witz ihn steif und fest glauben machte, er habe an ihr eine zweite Ninon gefunden. Endlich aber fand er daß sie nur kokett gegen ihn gewesen war und da sehnte er sich herzlich nach Deutschland, um aus Goethens oder Wielands Romanen und aus Klopstocks Cidli sich ein Ideal zusammen zu schmelzen, das seinesgleichen noch nicht gehabt. So gut ward's ihm denn auch, als er nach Leipzig kam, und die

Tochter eines Landpredigers, die sich eine Zeitlang daselbst bei einer Verwandtin aufgehalten, versprach ihm die Erfüllung aller seiner Wünsche. Aber wie jämmerlich wurden seine Entzückungen mit schreienden und schnarrenden Dissonanzen unterbrochen, als er auf einmal auch diese seine Messiasheldin, nachdem die ersten Wochen ihrer Maskerade vorbei waren, nur als eine künstliche Agnese erscheinen sah, die unter ihrem Nonnenschleier Liebesbriefchen ohne Zahl und tausend verstohlne Küßchen entgegennahm, ja die er endlich sogar bei einer starken Vertraulichkeit mit einem dicken runden Studenten überraschte. Da lagen nun alle seine Ideale umgestürzt, und er hätte nun mit eben dem kalten Blut als jene Belagerten sich mit griechischen Bildsäulen verteidigten, sie alle über die Stadtmauer werfen können. Das Leben ward ihm zur Last, er zog in der Welt herum von einem Ort zum andern nimmer ruhig und hätte seine Existenz gar zu gern mit eigner Hand verkürzt, wenn er nicht den Selbstmord, ohne dringende Not, nach seinem Glaubenssystem für Sünde gehalten hätte.

Jetzt, mein teurester Plettenberg, können Sie sich eine Vorstellung machen was wir von einem Menschen dieser Art in einem solchen Fall zu erwarten haben, wenn er nicht behutsam behandelt wird. Er hat Vernunft genug einzusehen, daß in seinem jetzigen Stande es Torheit wäre, Ansprüche oder Hoffnungen auf den Besitz der Gräfin zu machen, aber auch wilde Einbildungskraft genug sich alles möglich vorzustellen was ihn zur Gleichheit mit ihr erheben kann, besonders da die Ideen seiner Jugendjahre und seiner Geburt bei allen seinen Unglücksfällen ihn nie verlassen haben. Am allermeisten da seine Jahre sich immer mehr der männlichen Reife nähern und er in ihr die Erfüllung aller seiner Ideen gefunden zu haben glaubt.

Haben Sie also die Gütigkeit, ihn so zu empfangen, wie

ein weiser Arzt einen höchst gefährlichen Kranken empfangen würde, der durch alles was wirkliche Achtung, Mitleid und Freundschaft verdient, alle Ihre edleren Empfindungen in Anspruch nimmt.

VIERTER BRIEF
Herz an Fernand

Rothe ist ein Verräter – er schickt mir das Bild nicht – sag
ihm, er wird meinen Händen nicht entrinnen.

FÜNFTER BRIEF
Plettenberg an Rothe

Eben habe ich Ihren irrenden Ritter nebst Ihren Vorreutern
und blasenden Postillionen erhalten, lieber Rothe. Ich muß
sagen, diese Erscheinung wirkt sonderbar auf mich, der
Mensch ist so ganz was er sein will, und da er eine der
schwersten Rollen auf Gottes Erdboden spielt, so reprä-
sentiert er doch nicht im mindesten.

Er war bleich und blaß, als er hereintrat. Es ist lustig, wie
wir mit einander umgehen. Gleich als ob ich der verliebte
Ritter und er der Bräutigam sei, hat er mit einer Zuversicht
mir von seiner Liebe zu meiner Braut eine Vertraulichkeit
gemacht, die mich so ziemlich aus meiner Fassung setzte,
aus der ich doch, wie Sie wissen, sonst so leicht nicht zu
bringen bin. Er sagte mir zugleich, Sie wären ein schwarzer
Charakter; als ich ihn um die Ursache fragte, gestand er mir,
Sie hätten ihm das Porträt meiner Braut zuschicken sollen,
und hätten es nun nicht getan. Wirklich hatte ich von jemand anders ein Paket für ihn erhalten, als ich es ihm wies,

schlug er beide Hände gegen die Stirn, fiel auf die Knie und schrie: o Rothe! Rothe! wie oft muß ich mich an dir versündigen! Ich fragte ihn um die Ursache, er sagte, er habe selbst alles so angeordnet, daß das Paket durch seinen Kommissionär in ** unter meiner Adresse an ihn geschickt werden sollte, und nun hab er's unterwegens vergessen, und Sie im Verdacht gehabt, daß Sie es ihm hätten vorenthalten wollen.

In der Tat, mein lieber Rothe, habe ich Ursache von diesem Ihrem Verfahren gegen mich ein wenig beleidigt zu sein, besonders aber von der Gewissenhaftigkeit, mit der Sie alles das vor mir verschwiegen gehalten. Ich hatte das Herz nicht, dieses seinsollende Porträt meiner Braut Herzen zu entziehen, weil ich fürchtete seine Gemütskrankheit dadurch in Wut zu verwandeln, aber es kränkt mich doch daß ein Bild von ihr in fremden und noch dazu so unzuverlässigen Händen bleiben soll. Wenn Sie mir's nur vorher gesagt hätten, aber wozu sollen die Verheimlichungen?

Unsere Truppen marschieren erst den Zwanzigsten, wir haben heute den Ersten, ich dächte es wäre nicht unmöglich, Sie vor unserm Abmarsch noch einige Tage zu sehen. Ich habe Ihnen viel viel an meine Braut zu sagen, ich brauche in der Tat einen Mann wie Sie, mir bei meiner Abreise ein wenig Mut einzusprechen.

Freund, ich merke an meinen Haaren, daß ich alt werde. Sollte Stella, wenn ich wiederkomme und von den Beschwerden des Feldzugs nun noch älter bin – Kommen Sie, Sie werden mein Engel sein. Es gibt Augenblicke wo mir's so dunkel in der Seele wird daß ich wünschte –

Plettenberg

(WuBr 2, S. 380-412)

LENZ
ÜBER GÖTZ VON BERLICHINGEN

Wir werden geboren – unsere Eltern geben uns Brot und Kleid – unsere Lehrer drücken in unser Hirn Worte, Sprachen, Wissenschaften, – irgend ein artiges Mädchen drückt in unser Herz den Wunsch es eigen zu besitzen, es in unsere Arme als unser Eigentum zu schließen, wenn sich nicht gar ein tierisch Bedürfnis mit hineinmischt – es entsteht eine Lücke in der Republik wo wir hineinpassen – unsere Freunde, Verwandte, Gönner setzen an und stoßen uns glücklich hinein – wir drehen uns eine Zeitlang in diesem Platz herum wie die andern Räder und stoßen und treiben – bis wir wenns noch so ordentlich geht abgestumpft sind und zuletzt wieder einem neuen Rade Platz machen müssen – das ist, meine Herren! ohne Ruhm zu melden unsere Biographie – und was bleibt nun der Mensch noch anders als eine vorzüglichkünstliche kleine Maschine, die in die große Maschine, die wir Welt, Weltbegebenheiten, Weltläufte nennen besser oder schlimmer hineinpaßt.

Kein Wunder, daß die Philosophen so philosophieren, wenn die Menschen s o l e b e n. Aber heißt das gelebt? heißt das seine Existenz gefühlt, seine selbstständige Existenz, den Funken von Gott? Ha er muß in was Besserm stecken, der Reiz des Lebens: denn ein Ball anderer zu sein, ist ein trauriger niederdrückender Gedanke, eine ewige Sklaverei, eine nur künstlichere, eine vernünftige aber eben um dessentwillen desto elendere Tierschaft. Was lernen wir hieraus? Das soll keine Deklamation sein, ihr Herren, wenn Ihr Gefühl Ihnen nicht sagt, daß ich recht habe, so verwünscht ich alle Rednerkünste, die Sie auf meine Partei neigten, ohne Sie überzeugt zu haben. Was lernen wir hieraus? Das lernen wir hieraus, daß handeln, handeln die Seele der Welt sei, nicht genießen, nicht empfindeln, nicht spitzfündeln, daß wir dadurch allein Gott ähnlich werden, der unaufhörlich handelt und unaufhörlich an seinen Werken sich ergötzt: das lernen wir daraus, daß die in uns handelnde Kraft, unser Geist, unser höchstes Anteil sei, daß die allein unserm Körper mit allen seinen Sinnlichkeiten und Empfindungen das wahre Leben, die wahre Konsistenz den wahren Wert gebe, daß ohne denselben all unser Genuß all unsere Empfindungen, all unser Wissen doch nur ein Leiden, doch nur ein aufgeschobener Tod sind. Das lernen wir daraus, daß diese unsre handelnde Kraft nicht eher ruhe, nicht eher ablasse zu wirken, zu regen, zu toben, als bis sie uns Freiheit um uns her verschafft, Platz zu handeln, guter Gott Platz zu handeln und wenn es ein Chaos wäre das du geschaffen, wüste und leer, aber Freiheit wohnte nur da und wir könnten dir nachahmend drüber brüten, bis was herauskäme – Seligkeit! Seligkeit! Göttergefühl das!

Verzeihn Sie meinen Enthusiasmus! Man kann nicht enthusiastisch von den Sachen sprechen, da unsere Gegner soviel Feuer verschwenden, uns das Leiden süß und angenehm vorzustellen, sollen wir nicht aus Himmel und Hölle Feuer zusammenraffen um das Tun zu empfehlen. Da stehn unsre heutigen Theaterhelden und verseufzen ihre letzte Lebenskraft einer bis über die Ohren geschminkten Larve zu gefallen – Schurken und keine Helden! was habt ihr getan, daß ihr Helden heißt?

Ich will mich bestimmter erklären. Unsre heutigen Schaubühnen wimmeln von lauter Meisterstücken die es aber freilich nur in den Köpfen der Meister selber sind. Doch das bei Seite, sein sie was sie sein was geht's mich an?

Laßt uns aber einen andern Weg einschlagen, meine Brüder, Schauspiele zu beurteilen, laßt uns einmal auf ihre Folgen sehen, auf die Wirkung die sie im Ganzen machen. Das denk ich ist doch gewiß wohl der sicherste Weg. Wenn ihr einen Stein ins Wasser werft, so beurteilt ihr die Größe Masse und Gewicht des Steins nach den Zirkeln die er im Wasser beschreibt. Also sei unsere Frage bei jedem neuen herauskommenden Stück das große, das göttliche *Cui bono?* *Cui bono* schuf Gott das Licht daß es leuchte und wärme, *cui bono* die Planeten, daß sie uns Zeiten und Jahre einrichteten, und so geht es unaufhörlich in der Natur, nichts ohne Zweck, alles seinen großen vielfachen nie von menschlichem Visierstab, nie von englischem Visierstab ganz auszumessenden Zweck. Und wo fände der Genius ein anderes, höheres, tieferes, größeres, schöneres Modell als Gott und seine Natur?

Also *cui bono?* was für Wirkung? die Produkte all der tausend französischen Genies auf unsern Geist, auf unser Herz, auf unsre ganze Existenz. Behüte mich der Himmel ungerecht zu sein. Wir nehmen ein schönes wonnevolles süßes Gefühl mit nach Hause, so gut als ob wir eine Bouteille Champagner ausgeleert – aber das ist auch alles. Eine Nacht drauf geschlafen und alles ist wieder vertilgt. Wo ist der lebendige Eindruck, der sich in Gesinnungen, Taten und Handlungen hernach einmischt, der prometheische Funken der sich so unvermerkt in unsere innerste Seele hineingestohlen, daß er wenn wir ihn nicht durch gänzliches Stilliegen in sich selbst wieder verglimmen lassen, unser ganzes Leben beseligt. Das also sei unsre Gerichtswaage nach der wir auch mit verbundenen Augen den wahren Wert eines Stücks bestimmen. Welches wiegt schwerer, welches hat mehr Gewicht Macht und Eindruck auf unsre Meinungen und Handlungen? Und nun entscheiden Sie über Götz. Und ich möchte dem ganzen deutschen Publikum wenn ich so starke Stimme hätte, zurufen: Samt und sonders ahmt Götzen erst nach, lernt erst wieder denken, empfinden, handeln, und wenn ihr euch wohl dabei befindet, dann entscheidt über Götz.

Also meine werten Brüder! nun ermahne und bitte ich euch laßt uns dies Buch nicht gleich nach der ersten Lesung ungebraucht aus der Hand legen, laßt uns den Charakter dieses antiken deutschen Mannes erst mit erhitzter Seele erwägen und wenn wir ihn gutfinden, uns eigen machen, damit wir wieder Deutsche werden, von denen wir so weit weit ausgeartet sind. Hier will ich euch einige Züge davon hinwerfen. Ein Mann der weder auf Ruhm noch Namen Anspruch macht, der nichts sein will als was er ist: ein Mann. – Der ein Weib hat, seiner wert, nicht durch Schmeichelei sich erbettelt, sondern durch Wert sich verdient – eine Familie, einen Zirkel von Freunden, die er alle weit stärker liebt, als daß ers ihnen sagen könnte, für die er aber tut – alles dran setzt ihnen Friede, Sicherheit für fremde ungerechte Eingriffe, Freude und Genuß zu verschaffen – sehen Sie da ist der ganze Mann, immer weg geschäftig, tätig, wärmend und wohltuend wie die Sonne, aber auch eben so verzehrendes Feuer, wenn man ihm zu nahe kommt – und am Ende seines Lebens geht er unter wie die Sonne, vergnügt, bessere Gegenden zu schauen wo mehr Freiheit ist, als er hier sich und den Seinigen verschaffen konnte, und läßt noch Licht und Glanz hinter sich. Wer so gelebt hat, wahrlich, der hat seine Bestimmung erfüllt, Gott du weißt es wie weit, wie sehr, er weiß nur soviel davon als genug ist ihn glücklich zu machen. Denn was in der Welt kann wohl über das Bewußtsein gehen, viel Freud angerichtet zu haben.

Wir sind alle, meine Herren! in gewissem Verstand noch

stumme Personen auf dem großen Theater der Welt, bis es den Direkteurs gefallen wird uns eine Rolle zu geben. Welche sie aber auch sei, so müssen wir uns doch alle bereit halten in derselben zu handeln und jenachdem wir besser oder schlimmer, schwächer oder stärker handeln, jenachdem haben wir hernach besser oder schlimmer gespielt, jenachdem verbessern wir auch unser äußerliches und innerliches Glück.

Was könnte eine schönere Vorübung zu diesem großen Schauspiel des Lebens sein, als wenn wir da uns itzt noch Hände und Füße gebunden sind, in einem oder andern Zimmer unsern Götz von Berlichingen, den einer aus unsern Mitteln geschrieben, eine große Idee – aufzuführen versuchten. Lassen Sie mich für die Ausführung dieses Projekts sorgen, es soll gar soviel Schwürigkeiten nicht haben als Sie sich anfangs einbilden werden. Weder Theater noch Kulisse noch Dekoration – es kommt alles auf Handlung an. Wählen Sie sich die Rollen nach Ihrem Lieblingscharakter, oder erlauben Sie mir sie auszugeben. Es wird in der Tat ein sehr nützlich Amüsement für uns werden. Durchs Nachahmen durchs Agieren drückt sich der Charakter tiefer ein. Und Amüsement soll es gewiß dabei sein, da bin ich Ihnen gut vor, größer als Sie es jetzt sich jemals vorstellen können. Aber nur Ernst und Nachdruck bitt ich mir dabei von Ihnen aus, denn meine Herren Sie sind jetzt Männer – und ich hoff ich habe nicht mehr nötig, Ihnen den Ausspruch des Apostels Pauli zuzurufen: Als ich ein Kind war tat ich wie ein Kind, als ich aber ein Mann ward, legt ich das Kindische ab. Wenn jeder in seine Rolle ganz eindringt und alles draus macht was draus zu machen ist – denken Sie meine Herren! welch eine Idee! welch ein Götterspiel! Da braucht's weder Vorhang noch Bänke! Wir sind über die Außenwerke weg. Zwei Flügeltüren zwischen jeder Szene geöffnet und zugeschlossen – die Akte können wir allenfalls durch eine kleine Musik aus unsern eigenen Mitteln unterscheiden – Und kein Sterblicher darf zu unsern Eleusinis, bevor wir die Probe ein drei- viermal gemacht – und dann eingeladen alles was noch einen lebendigen Odem in sich spürt – das heißt, Kraft Geist und Leben um mit Nachdruck zu handeln.

Tantum

(WuBr 2, S. 637-641)

LENZ
BRIEFE ÜBER DIE MORALITÄT
DER LEIDEN
DES JUNGEN WERTHERS

Lieber Freund!
Wie Sie wünschten in ganzem Ernst, Göthe hätte die Leiden
des jungen Werthers nie sollen drucken lassen. Verzeihen
Sie, der Wunsch ist zu seltsam, als daß ich von einem
Freunde, dessen Verstand und Herz ich hochzuschätzen
habe, nicht mit Recht fodern könnte, er solle und müsse ihn
verantworten.

   Soll ich Ihnen dieses Recht beweisen? Ich weiß daß die
schönen Künste den höchsten Reiz Ihres Lebens ausmachen, wenigstens hat sich nur unter diesen Bedingungen
mein Herz mit dem Ihrigen verschwistert und kann sich
auch nur unter diesen Bedingungen mit welchem Herzen es
wolle vereinigen. Ein Mensch der für das echte Gefühl alles
dessen was schön groß edel in der Natur oder in den Kün-
sten ist, abgestorben ist, bleibt in meinen Augen immer ein
gefährlicher Mensch, schein' er auch so fromm und zahm
als er wolle. Wenn er zu wenig Verstand hat, mir gradzu zu
schaden, zu wenig Entschlossenheit ein Bösewicht zu sein,
so wird er durch Unverstand in Erklärung meiner Absichten und Handlungen, durch Untätigkeit in den allerdrin-
gendsten Angelegenheiten meines Herzens, vielleicht wohl
gar durch Entgegenwürkung meiner unverdächtigsten und
edelsten Bestrebungen, zu der ihn eine sich selbst abgezo-

gene Moral, und der Kützel mit wenig Mühe doch auch etwas auszurichten, ungeachtet seiner Faulheit bringen kann, mir furchtbarer werden als der verschmitzteste und kühnste Feind. Ist es doch schon in der Natur so daß die edelsten und stärksten Tiere immer die allerunbeträchtlichsten und elendesten am meisten scheuen. Den Löwen kann ein Hahnengeschrei aus aller Fassung bringen und den Elefanten das Grunzen eines Schweins. Überhaupt sind die größesten und erstaunendsten Wirkungen der Natur immer der traurigen Regel untergeordnet, daß sie durch die nichts bedeutendsten Zufälle können zerstöret werden, oft durch einen bloßen Stillstand der würkenden Kräfte, der durch die allerkleinste Entgegenwirkung verursacht werden kann. So wird der Bär der Bäume auswurzelt, durch den Schlag mit einer Rute auf die Nase gefällt, und der Sieg eines erhitzten Heeres durch einen widerwärtigen Wind vereitelt.

Diese Ausschweifung geht Sie nichts an, da Sie mit mir einig sind, daß alle Glückseligkeit des menschlichen Lebens in dem Gefühl des Schönen bestehet. Das Schöne ist nur das Gute quintessenziiert zu nennen, wie sollte ein menschliches Herz dessen entbehren können, ohne ein elendes Herz zu werden. Nun sehen Sie Werthers Leiden nur als Produkt des Schönen an, für das Sie es selbst erkennen müssen – und wagen es noch einmal einen so ungerechten Urteilsspruch mit Ihrem Namen zu unterschreiben.

ZWEITER BRIEF

Sie halten ihn für eine subtile Verteidigung des Selbstmords. Das gemahnt mich, als ob man Homers Iliade für eine subtile Aufmunterung zu Zorn, Hader und Feindschaft ausgeben wollte. Warum legt man dem Dichter doch immer moralische Endzwecke unter, an die er nie gedacht hat. Genug hat man über den französischen Meßkünstler gelacht, der bei jedem Gedicht frug: *Qu'est ce que cela prouve?* und täglich verfällt man doch in seinen Fehler. Als ob der Dichter sich auf seinen Dreifuß setzte, um einen Satz aus der Philosophie zu beweisen. Das geht dem Autor wohl an der an den Nägeln käuet, aber warum mißt man einen Riesen nach dem Zwerge. Nichts mehr und nichts weniger als die Leiden des jungen Werthers wollt er darstellen, sie bis an ihr Endziel verfolgen wie Homer den Zorn Achills. Und das große Ganze sollte so wenig Eindruck auf Sie gemacht haben, daß Sie noch am Ende nach der Moral fragen können.

Man hat mir allerlei moralische Endzwecke und philosophische Sätze bei einigen meiner Komödien angedichtet, man hat sich den Kopf zerbrochen, ob ich wirklich den Hofmeisterstand für so gefährlich in der Republik halte, man hat nicht bedacht, daß ich nur ein bedingtes Gemälde geben wollte von Sachen wie sie da sind und die Philosophie des geheimen Rats nur in seiner Individualität ihren Grund hatte. Eben so sucht man im neuen Menoza einen Ausfall auf die Religionsverbesserungen, da der neue Menoza unter den Umständen doch nicht anders reden und handeln konnte, wenn er einige Persönlichkeit behalten wollte. Doch das hier nur im Vorbeigehen, ich konnte nichts Bessers tun als zu diesen mir aufgehefteten falschen Vorzügen stilleschweigen, da sie mir ein trauriger Beweis waren, wie wenig es mir noch bisher müsse gelungen sein das Herz und die Imagination meiner Leser zu fesseln.

Daß man aber mit eben dem kalten Blute sich hinsetzt und nach der Moral der Leiden des jungen Werthers fragt, da mir als ich's las die Sinnen vergingen, ich ganz in seine Welt hineingezaubert mit Werthern liebte, mit Werthern litt, mit Werthern starb – das kann ich nicht vertragen und wenn ich den Verfasser dieses Buches auch nie einmal dem Namen nach gekannt hätte.

Die Darstellung so heftiger Leidenschaften wäre dem Publikum gefährlich? – Jetzt hab ich Sie wohin ich Sie haben wollte. Ich werde ernstlich mit Ihnen reden, meine Freundschaft gibt mir das Recht dazu und Sie können nach diesem Briefe beschließen was Sie wollen. Wollen Sie die Verbindungen mit einem Herzen aufheben, dessen Empfindungen mit den Ihrigen so weit auseinandergehen so sind Sie Meister zu tun und zu lassen was Ihnen beliebt.

Als ich das Buch zum erstenmal gelesen, voll von den süßen Tumult den es in meiner Brust erregt, lief ich herum und pries es allen meinen Freunden an. Das erste Exemplar das ich hatte (ein Geschenk des Verfassers) verehrte ich demjenigen Frauenzimmer das ich unter allen meinen Bekannten am höchsten schätzte und das sich in einer Situation befand die derjenigen in der Lotte war äußerlich ziemlich ähnlich schien: weit entfernt nur auf den Gedanken zu kommen, daß ihr das Buch gefährlich werden könnte, gab ich es mit dem unbesorgtesten festesten Zutrauen, es werde ihr Herz zu den Empfindungen bilden die allein das zukünftige Glück ihres Gemahls ausmachen und befestigen können. Wie sehr biß ich mir in die Finger als ich das ganze Publikum nachher fast anderer Meinung sah! Und wie kämpften nachher Zweifel und Kleinmut in meinem Herzen, ob schon ich bei der genannten schönen Leserin der ich hier das öffentliche Opfer meiner Hochachtung abtrage, mich in meiner Erwartung nicht betrogen gefunden hatte. Es ist sehr viele Moral drin, war das erste Wort das ich aus ihrem Munde über dieses Buch hörte und dieses Wort, hab ich mich verheißen, soll das ganze philosophierende Publikum beschämen.

Laßt uns also einmal die Moralität dieses Romans untersuchen, nicht den moralischen Endzweck den sich der Dichter vorgesetzt (denn da hört er auf Dichter zu sein) sondern die moralische Wirkung die das Lesen dieses Romans auf die Herzen des Publikums haben könne und haben müsse. Es muß jedem Dichter daran gelegen sein, nicht Schaden angerichtet zu haben und wehe dem Dichter der bösen Erfolgen seiner Schriften mit kaltem Blut zusehen kann. Der höchste Vorzug eines Dichters für die Ewigkeit ist ein edles Herz und da nun niemand unter dem großen Haufen Bewunderer und Ausschreier sich finden will, der meinem Freunde diesen Liebesdienst leiste, sein Herz zu verteidigen da seine Feinde selbst seinem Verstande und seinen Talenten müssen Gerechtigkeit widerfahren lassen: so nehm ich ungedungen und unberufen dieses süße Geschäft über mich und will mich wenigstens damit unsterblich zu machen suchen, daß ich den Wert dieses meines Zeitverwandten ganz zu fühlen im Stande bin.

Dieses Zeugnis wird ihm nicht schaden. Auf sein Herz stolz zu sein, ist höhere Tugend als alle lumpigte Demut und erkünstelte Bescheidenheit.

VIERTER BRIEF

Nicolais Parodie ein Meisterstück? – Eine Schande seines Herzens und seines Kopfs. Was geht mich hier der Verfasser des Nothankers an, ich will's Ihnen beweisen.

Es hätte Sie zu lachen gemacht? – Mich auch, aber wie Demokriten mit Hohngelächter. Wenn man mit einer vielbedeutenden Miene die allerelendesten Plattheiten auskramt, was kann das anders erregen als Unwillen und Hohngelächter.

Der ganze Wisch ist so unwitzig, so furchtsam, so hergestottert für eine Pasquinade, die Erfindung mit der Blutblase so armselig, die Scheidungen Werthers und Lottens so wenig in ihren Charakter hineingedacht, daß ich hier wohl die sonst ironischen Verse Popens in eigentlichem Verstande brauchen möchte:

> *if Blount dispatch'd himself, he play'd the man*
> *and so may'st thou, illoustrious Passeran*
> *but shall a printer, weary of his life*
> *learn from her books, to hang himself and wife.*

Wie denn? Lotte – nach der Anlage – einem solchen Kerlchen wie er beschreibt Gehör geben, um – Werthern wehe zu tun, der unter der Last der öffentlichen Geschäfte schmachtete? Pfui mit welchen elenden Ideen muß der Mann von dem Buch aufgestanden sein, ich möcht um aller Welt Güter willen in dem Augenblick nicht mit seinem Herzen getauscht haben.

Soll er da vielleicht das Meisterstück bewiesen haben, da er die ganze Geschichte so schön durcheinander zettelt, daß das hinterste zu vorderst kommt, Szenen die nach der Verheuratung vorgingen, vor die Verheuratung setzt und damit möcht ich sagen die Seele der ganzen Rührung herauszieht und alles zur elendesten Karikatur macht? Hat der Mensch auch wohl bedacht, was für Hindernisse sich gleich anfangs der Verbindung Werthers mit Lotten entgegenstellten und wie tief und unveränderlich unvermeidlich Werther das empfinden mußte, um Werther zu werden. Das gegebene Versprechen, das öffentliche Amt Alberts kurzum nichts mehr und nichts weniger als die ganze Ruhe und das ganze Glück seiner Lotte selber. Und wie die anwachsende Empfindung der Unmöglichkeit Lotten jemals zu besitzen, diese heilige moralische Empfindung der Unverletzlichkeit des ehelichen Verhältnisses, nur und allein ihn zu dem verzweifelten Entschluß hinaufschrauben konnte. Und wie alles sogleich elende jämmerliche Fratze wird, was sonst das Angesicht eines leidenden Engels war, sobald diese Bedingung wegfällt, diese unübersteiglichen Schwürigkeiten wegfallen. In der Tat ein Meisterstück eines parodierenden Pasquillanten, wenn er nur sonst Witz und Herz genug hätte Pasquillant zu sein. So aber da er unter der Larve eines von den sieben Weisen erscheint, und doch alle Kunstgriffe eines Pajaß gebraucht – wer kann ihn da ohne Unwillen sehen Kapriolen schneiden.

Nun aber habe ich auch gesagt, daß die Schrift seinem Herzen Schande mache. Welcher Schriftsteller der im Stande ist den Wert eines Genies nur einigermaßen zu erkennen und zu fühlen, welcher Schriftsteller hat das Herz zu sagen: ein Genie ist ein schlechter Nachbar. Ihm die bittere Kränkung ins Herz zu schieben, seine Schriften zeigen von vielen großen Talenten, aber sie schaden dem Publikum und das ganz gelassen zu sagen (S. 56).

Wie wenn ich das Blatt umkehrte und ihm nicht ganz gelassen, sondern mit vieler Hitze bewiese, seine kalte und abgeschmackte Parodie habe dem Publikum (ich meine dem seinigen) in eben dem Maße geschadet, als ihm die Lesung der Leiden des jungen Werthers Nutzen gebracht haben würde.

Die Darstellung eines solchen Enthusiasmus ist ansteckend und eben deswegen gefährlich. Und die Gefahr? Es könnte mehrere Lotten geben und die mehrere Werther finden. Das menschliche Herz ist geneigt alles nachzuahmen was es außerordentlich bewegt hat, wie schon Cicero eingesehen hat.

Und was wird das menschliche Herz dabei verlieren? Ich bitte lieber Freund! reden Sie nicht so quer über die Sache weg, sondern lassen Sie uns erst einen Augenblick innehalten und bedenken wovon die Rede ist. Von dem Enthusiasmus für wirkliche Vorzüge, für weiblichen Wert. Nicht für ein schön Gesicht, nicht für einen schönen Fuß – für den Inbegriff aller sanfteren Tugenden, aller edleren geistigen sowohl als körperlichen Reize zusammengenommen, für ein Ideal – aber nicht eines wahnwitzigen Augenblicks wie die Ideale gewisser Schriftsteller, sondern einer reifen mit der Welt und ihren Verhältnissen und Einschränkungen durchaus bekannten Überlegung, für ein Ideal wie es jede Tochter Germaniens täglich und stündlich werden kann, ohne ein Haar von dem natürlichen Stempel ihrer Seele zu verlieren, vielmehr sich so ihrer verlernten und verkünstelten Natur allein wieder zurück nähert. Und wer wollte nicht Enthusiasmus für ein solches Mädchen haben, wer, der sich nicht auch der Tugend schämt, sich eines solchen Enthusiasmus schämen? welcher Holzkopf diesen Enthusiasmus unter seinen Landsleuten zu hindern oder zu unterdrücken suchen?

Aber in dem hohen Grad? so schwärmerisch? so romantisch feierlich (Seite 33 in den Freuden d. j. W.). Läßt sich die Höhe der Empfindungen denn unter Regeln bringen? Und geschieht denn jemand auf der Gotteswelt anders ein

Schade dadurch, als dem armen unglücklichen Schwärmer selber? Wenn es ein Werther ist, ward sein ganzer Zustand nicht warnend genug vorgestellt? Wer hätte Lust oder das Herz es ihm nachzumachen. Und verliert der Bräutigam, wenn's nicht ein Herodes Magnus an Eifersucht ist, auch nur ein Haar von seinem Glück dabei? Wird ihm dasselbe nicht vielmehr dadurch desto empfindbarer und rührender, da er seinen Nebenbuhler durch dessen Verlust so unwiederbringlich elend sieht. Aber nun Lottens Mitleiden? – – ›Ich liebe herzlich und verlange herzliche Gegenliebe‹ (S. 34). Worin hatte sich Lotte vergangen? Albert verstieß wider die erste Pflicht aller echten Liebe, wider das Zutrauen zu seiner Frauen Tugend und Zärtlichkeit für ihn, ohne daß sie im mindesten sich an seinem Kaltsinn im Worte und Bezeigen, zu rächen suchte. O Herr Albert aus Berlin! wenn Sie nicht im Stande waren zu fühlen was der stumme Ausdruck ehelicher Treu und eines zarten aufgebrachten Gewissens sagen wollte, da Lotte nach der verstohlnen und doch unschuldigen Zusammenkunft mit Werthern mit ihrer Arbeit auf Ihre Stube kam und an Ihrer Seite zitterte Ihrer vielleicht itzo nicht mehr wert zu sein – o Herr Berliner Albert! so verdienten Sie nimmer eine Lotte zu besitzen.

Die scheinbare Großmut mit der ein Liebhaber seinem Freunde seine Geliebte abtritt wie man ein Paar Handschuh auszieht, ist mir von jeher wie ein Schlag ins Gesicht gewesen. Wissen die Herren was es heißt, lieben? Und daß eine Geliebte abtreten, schwerer ist als sich das Leben nehmen. Nur ein Albert aus Berlin konnte das und das ganz gelassen. Aber der Henker glaub ihm, daß er herzlich geliebt habe.

Wer erfahren hat was die beiden Namen sagen wollen, Freund und Geliebte, der wird keinen Augenblick anstehen, seinen Freund für den er übrigens das Leben geben könnte, seiner Geliebten nachzusetzen. Wer das nicht tut, hat weder ein Herz für den Freund, noch für die Geliebte. So läßt sich begreifen, warum Albert Lotten nie verlieren konnte, da er das erste Recht auf sie hatte, oder er müßte ein Berliner Albert gewesen sein. So läßt sich begreifen warum Albert nie so lächerlich und kauderwelsch eifersüchtig auf Werthern sein konnte, weil es Lottens und sein Freund war. – Albert aus Berlin! gehe hin im Frieden!

SECHSTER BRIEF

Werther werde nicht immer Leser finden wie mich, die das alles so zurecht zu legen wüßten. Ich danke Ihnen für das Kompliment, ich denke der Himmel hat jedem seine Portion Vernunft zugeteilt, ihn durch dies Leben zu führen. Ich will Ihnen aber zugestehn, der größte Teil des Publikums der Werthern am begierigsten verschlingt, sei ein Haufe junger Leute ohne Nachdenken und Erfahrung, bereit sich in den ersten besten Abgrund der Leidenschaft hineinzustürzen, mög er hinausführen wohin er wolle. Eben für diese und ihresgleichen sind die Leiden des jungen Werthers geschrieben, trotz alle dem was der hochweise Martin philosophiert (S. 9). Für Stutzer und Parteigänger grad wie er sie beschreibt. Und was für ein Buch sollte sonst für sie geschrieben sein, sollte sie aufmerksam und fühlbar machen für das was schön edel und gut ist. Die Bibel? die sie nie gelesen haben? Predigten die sie anhören aber nie hören. Philosophisches Allerlei in Taschenformat das sie in der Welt zu gar nichts brauchen können. Romane und Komödien aus dem ungeheuren Lande der Ideen, die nie in unsere Welt hinabgekommen sind und deren Unähnlichkeit mit dem was wir erleben, einen Menschen der sich nach ihnen bildet, gleich beim ersten Eintritt in jede gute Gesellschaft zum Narren stempelt. Sie werden's lesen wenn sie zu laxieren eingenommen haben und sich sonst keinen Rat wissen, den Zustand zwischen Schlaf und Wachen auszufüllen. Sie werden bersten für Lachen über einen Menschen der sich's einfallen lassen wollte den Grandison oder Medon wirklich zu spielen, der ihnen in der Idee ganz erträglich war. Aber einen Menschen von ihren Gefühlen und Art zu handeln, in ihrer Gestalt möchte ich sagen, sich für das trefflichste Geschöpf in der Natur entzünden zu sehen, von seinen Schicksalen gerührt, erschüttert, zerfleischt, wie bei allem was wir zu lieben pflegen, seine Empfindungen annehmen, unvermerkt seine Gesinnungen sich eigen machen, unterscheiden ein Mädchen voll Seele, voll des zartesten Gefühls ihrer Verhältnisse von der Flitterpuppe, sie vorziehen, ihr zu gefallen suchen, sie verehren, sie anbeten, für sie sterben – wollte Gott daß wir eine Welt voll Werthers bekämen, wir würden uns besser dabei befinden.

Ei des weisen Nicolai, der das wichtige Geheimnis ausgefunden hat, dem Schaden den das Lesen dieses Romans verursachen würde, auf eine so geschickte Weise vorzubeugen. Als ob das eine so unbekannte noch nie erhörte Wahrheit sei, daß niemand sich aus einem Roman eben zu bekehren sucht, sondern ihn liest, weil und solange er ihm gefällt. Das aber ist eine Wahrheit die niemand von diesen Herren über Werthern einzugestehen gutes Herz genug hat, daß jeder Roman der das Herz in seinen verborgensten Schlupfwinkeln anzufassen und zu rühren weiß, auch das Herz bessern muß, er mag aussehen wie er wolle.

Eben darin besteht Werthers Verdienst daß er uns mit Leidenschaften und Empfindungen bekannt macht, die jeder in sich dunkel fühlt, die er aber nicht mit Namen zu nennen weiß. Darin besteht das Verdienst jedes Dichters.

Man sollte das Ding nur nicht so reizend vorstellen. Und wer kann dafür daß das Ding so reizend ist und nur für schlechte Seelen keinen Reiz hat.

> *Il n'y a qu'un mal, il n'y a qu'un bien*
> *C'est d'aimer, ou de n'aimer rien.*

Die Gleichgültigkeit gegen alles was schön und fürtrefflich ist, ist das einzige Laster auf der Welt. Wie sollen, wie können unsere Sitten sich jemals verbessern, wenn wir unempfindlich für wahre Vorzüge bleiben und das aus lieber lauterer Moralität. Um die träge Ruhe eines Ehmanns nur ja nicht aus ihrem Siebenschlaf zu wecken, den die Liebkosungen seiner Frau in eine törliche Vergessenheit alles dessen womit sie der Himmel für ihn geschmückt hatte, eingewiegt haben, so rät Martin weislich die Augen zuzuschließen und kalt zu bleiben, bis man denn auch so am Seil woran man gefüttert wird mit einer Gehülfin zusammen ziehen kann ohne uns viel drum zu bekümmern was und wieviel sie wohl wert sei.

Und wird's damit besser in unsern Gesellschaften aussehn? Nach dieser Proportion wären die Sitten der Türken die weisesten, weil sie die ruhigsten sind. Sind aber ihre Vorhäupter darum für allem Schaden sicherer? Ich zweifle. Ein Mann kann nirgends einen sicherern Unterpfand seiner Ehre haben als in dem zärtesten Gefühl seiner Frau für das was edel und fürtrefflich ist. Eine Lotte die einen Säugling neben einen Werther aufstellen und abgöttern konnte, verdiente nie wieder mit Werthern verbunden zu werden.

O weh was wird aus dir werden, edler Sohn Lykaons, der du vor der Leiche deines Freundes mit niedergesenktem Speer trittst, um den ersten der sich ihr sie zu entheiligen nähert in die kalte Nacht des Todes herabzuschicken, der du ein fürchterlich Geschrei erhebst und alle die schöngestiefelten Griechen zurückweichen machst. Siehe der furchtbare Diomed ergreift einen Stein den zwei unsrer heutigen Menschen sonst nicht von der Stelle bewegen könnten und zerschmettert dir damit die Hüfte, daß du auf deine Knie niederfällst und Finsternis deine beiden Augen bedeckt. Jetzt wärest du unvermeidlich gestorben, wenn nicht Venus mit ihrem glänzenden Schleier dir zu Hülfe käme, Venus die dich in den Umarmungen des Hirten Anchises empfing, ihre weißen Arme um deinen Nacken schläge, mit ihrem Schleier einen Zaun um dich webte vor den Pfeilen deiner Feinde und aus dem Getümmel der Schlacht dich trüge.

[Ja in der Tat Venus Urania allein kann dich retten mein Lieblingsdichter, der du mit so verschiedenen und seltsamen Waffen auf einmal angegriffen, mit einem lustigen Einfall von der Bühne verschwindst und den Vögeln die Freude lässest sich an deinen zu natürlich gemalten Trauben die Köpfe zu zerstoßen.]

Also auch ein Gespräch über die Leiden – und das mich als ihren so eifrigen Anhänger und Verteidiger derselben auf einmal bekehren soll. So tief philosophisch – von dunklen und klaren Ideen und der Kunst dunkle Ideen klar zu machen. Aus welchem grämlichen Gesichtspunkt haben die Leute das Bild angesehen. Was fürchten Sie? Ich bitte Sie um Gottes willen, wohin laufen Sie? Bleiben Sie doch stehen und sehen Sie es länger an. Wie gesagt, es ist mir nie der Gedanke eingefallen, daß das Ding schädlich werden könne.

Da steht der Laokoon mit allen Ausdrücken seines Schmerzens, seiner Göttin gegenüber, von der er sehr klare Ideen hat und sie sich nicht klärer zu machen braucht noch vermögend ist, da steht er am Felsen seiner Pflicht angenagelt und weint seinen Schmerz gen Himmel aus, bis er des langsamen Todes endlich stirbt, der im Rat der Götter für ihn beschlossen war. Welcher Tollkopf, der seinen Schmerz ganz zu fühlen im Stande ist, wird noch lüstern sein, ihm nachzuahmen, wird wenn er nur einige Schritte auf diesen Dornen fortgewandelt ist, nicht von selbst wieder umkehren? Wozu alle das Geschrei, ich bitte euch, die Sache redt und warnt von selber, nur Leute die nicht im Stande sind den Versuch zu wagen, oder das nur von fern zu empfinden, können da Gefahr befürchten. Die jungen Leute die ganze Nächte mit einem alten Weißbart über diese Materie verschwatzen können, sind am allerweitesten davon entfernt jemals Werther zu werden. Ein junges stilles stumm gefühliges Herz würde meine Besorgnis noch am ersten rege machen, doch eben für diese ist das Buch ein Heilungsmittel. Wenn ein solcher keinen Mentor hinter sich hat, der ihn unmittelbar vom Felsen ins Meer stürzt – laßt ihn eine Weile irren, er wird sich zurecht finden. Er wird Augenblicke in seiner Seele fühlen, wo die Leidenschaft von ihrer Gewaltsamkeit nachläßt und einer ruhigen Stille Platz macht, die ihm Zeit genug zu dem Entschluß übrig läßt, den Liebhaber in den Freund zu verwandeln und nicht so grausam zu endigen als Werther, dessen Gründe für den Selbstmord alle durch einen glücklichen Augenblick entkräftet werden. Ein Augenblick wo er sich an der Gegenwart – auch nur an dem Gedanken an seine Geliebte wärmt, ist kräftiger als zehn Demonstrationen. Und die Hoffnung verläßt ihn nie, kann ihn nie verlassen. Geht dem Unglücklichen nach der auf eine wüste Insel gescheitert einsam und verlassen da sitzt – ihr werdet die Hoffnung bei ihm finden. Was sollen nun alle die Warnungen? Meint ihr das Leben ist uns um einen Kreuzer feil? Meint ihr der Selbstmord ist so geschwind vollbracht als er ausgesprochen wird? Laßt doch die Jünglinge – sie werden sich kein Leides tun, und wenn sie weder Chronologie noch Heraldik zu Hülfe nehmen. Denn vielleicht noch eher – unsere Phantasie will wenigstens unterhalten sein wenn sie [sich] von einem entzückenden Gegenstand abwenden soll. Und ich weiß dem Dichter für kein Geheimnis seiner Kunst größeren Dank, als daß er eben da wo die Herren das Gift zu finden fürchten, das Gegengift für dies verzehrende Feuer gütig hingelegt hat, ich meine Beschäftigung des gut gearteten Herzens und der glücklich gestimmten Einbildungskraft. Diese Beschäftigungen werden ihn bald zu ernsthaftern lenken und so wird in seiner Seele die glückliche Harmonie wieder hervorgebracht werden, die aus starken und männlichen Arbeiten und ausgewählten Vergnügungen der Einbildungskraft und der Sinne allezeit unausbleiblich entstehen muß und die Liebe zum Leben gewiß nicht wird auslöschen lassen. Alles das hätte Werther auch – aber Werther ist ein Bild meine Herren, ein gekreuzigter Prometheus an dessen Exempel ihr euch bespiegeln könnt und eurem eigenen Genie überlassen ist, die nützlichste Anwendung davon zu machen.

Bedenkt ihr denn nicht, daß der Dichter nur eine Seite der Seele malen kann die zu seinem Zweck dient und die andere dem Nachdenken überlassen muß. Daß er euch, um eure närrische Foderungen zu erfüllen, eine Chronika von 24 Foliobänden schreiben müßte, die grade soviel Zeit zum Lesen erfoderte, als Werther gelebt und gelitten haben könnte.

Daß Werther ein Bild ist, welchem vollkommen nachzuahmen eine physische und metaphysische Unmöglichkeit
ist.

Daß eh ihr das aus euch macht, was er war, eh er anfing zu
leiden und was er doch sein mußte um s o leiden zu können, euer halbes Leben hingehen könnte.

Daß ihr also nicht sogleich von Nachahmung schwatzen
müßt, eh ihr die Möglichkeit in euch fühlt ihm nachahmen
zu können.

Und daß es alsdenn mit der Nachahmung keine Gefahr
haben würde. –

NEUNTER BRIEF

In der Tat haben die Schicksale des St. Preux und Werthers
beim ersten Anblick einige Ähnlichkeit, sie haben aber auch
wieder bei schärferer Ansicht so viel Verschiedenheit, daß
man sie unmöglich mit einander vergleichen, geschweige
denn diesen eine Kopie von jenem nennen darf und kann.
Es ist mir eine Freude wenn ich den Betrachtungen so nach-
hänge, wie jeder dieser Dichter für das Bedürfnis seiner
Nation so zu sorgen gewußt hat. Rousseau der für verdor-
bene Sitten schrieb, wie er in seiner Vorrede selbst sagt,
unter dessen Landsleuten alles Liebe und Feuer atmet, welche bei dem Witz und Leichtsinn der Nation schon früh in
die gröbsten Unordnungen und Aufhebung aller auch der
heiligsten Bande der Unschuld und der ehelichen Treue aus-
arten, ohne daß ein einziges dieser Laster einmal mehr
Aufsehen macht: Rousseau stellte einen jungen Menschen
auf ganz in diesem Geschmack, ganz im Geist der Zeit und
der Nation, aber mit der gehörigen Portion Philosophie,
Rechtschaffenheit und Stärke der Seele alledem das Gegen-

gewicht zu halten, und brachte ihn glücklich durch alle diese Klippen so weit, daß er die Heiligkeit des Ehebandes ganz schätzen lernte und der zärtliche Franzose blieb obschon er aufgehört hatte der leichtsinnige zu sein. Welch eine Lehre, welch ein Verdienst für seine Nation! Ihr Riechsalz möcht ich sagen zu fixieren und zu edlern Bestimmungen zuzubereiten, ihre Passionen die sonst immer nur momentan sind zu einer daurenden edlen Richtung des Herzens auszudehnen. Goethe der für steife Sitten schrieb wenn ich so sagen mag, wo man ein ewiges Gerede von Pflichten und Moral hört und nirgends Kraft und Leben spürt, nirgends Ausübung dessen was man hundertmal demonstriert hat und immer wieder von neuem demonstriert, wo man in den eisernen Fesseln eines altfränkischen Etikette alle seine edelsten Wünsche und Neigungen in den berauchten Wänden seiner Studierstube vorsichtig ersticken läßt und so bald sie sich melden, irgend ein System der Moral dagegen schreibt, oder in neuern Zeiten jämmerlich süßtönende Klagen, Idyllen und Romanzen und Spaziergänge und daß des Dings kein Ende ist – für Sitten wo Furchtsamkeit, Ernst und Pedanterei unsere Gesellschaften stimmen und insgeheim doch die verbotene Lust zehnmal rasender wütet, wo jenachdem denn nun endlich die französische Freiheit sich ausbreitet, alles in die elendeste Karikatur ausartet, die Herren nicht wissen was sie sagen, noch die Damen was sie antworten sollen, der Magister es nun für seine Schuldigkeit hält verliebt zu sein ohne daß er weiß in wen noch wie er's anzufangen habe, das arme Mädchen noch immer in ihrem süßen alten Wahn jeden der sich ihr zuerst mit einem schönen Wörtchen nähert für einen Freier hält und sich hernach über die Untreue des Bösewichts zu Tode grämt der im Grunde sich nur im Kurtesieren bei ihr üben wollte – für diese drolligte Sitten, wo niemand Herz hat und wer noch eins hat nicht weiß was er damit anfangen soll – – Goethe stellte einen jungen mutigen lebenvollen Held auf die Bühne, der weiß was er will und wo er hinauswill, der den Tod selbst nicht scheut, wenn er ihn nur auf guten Wegen übereilt, der im Stande ist sich selbst zu strafen wenn er es wo versehen haben sollte. O guter edler Jüngling, heiliger Werther! könnte ich jemals nur den Schatten deines Werts mir eigen machen. Dein gleichgestimmtes allezeit gutgeartetes und frohmütiges Herz, deine unnachahmliche Genügsamkeit mit dir selber und den Gegenständen die so eben um dich sind, deine gänzliche Freiheit von allen Prätentionen, törichten Erwartungen und ehrsüchtigen Wünschen – bei alledem deinen edlen emporstrebenden feurigen Geist, deine immerwährende Tätigkeit, die selbst durch die Leidenschaft die alles in Untätigkeit hinstarren macht, nicht gehemmt werden konnte, die sich bis zuletzt noch in den furchtbarsten Ruinen erhielt und, als Simson unter dem ihn erschlagenden Gewicht hinstürzte, noch immer bewies daß er Simson war – wer macht ihm das nach? – Seid nicht närrisch meine lieben Freunde! bildet euch nicht zu geschwind ein Werthers zu sein, es ist keine Kleinigkeit damit. Ein Werther muß viel getan und gelitten haben, eh er Werther zu sein anfangen kann, ihr seht nur die Ebene vor euch, aber nicht die Gebirge die er zu übersteigen hatte, eh er sie euch vormalen konnte. Schämt euch mit Kraft und Tat um euch zu werfen und euren Feinden die eben soviel als ihr davon verstehen Gelegenheit zum Spotten zu geben, eh ihr wißt was diese Worte auf sich haben.

Seht also dies Gemälde mit ein wenig mehr Ehrfurcht an und wenn euch der Kützel sticht es nachzuahmen so sagt keinem Menschen ein Wort davon, damit euch ein hochtrabender Bücherwurm nicht vor der Zeit aushöhne und euch weis mache, ihr hättet dazu den Zeug nicht (S. 11). Alles was übereilt wird, gerät nicht, wartet bis eure Kräfte zur Reife gekommen sind dergleichen Leiden auszuhalten und alsdenn übernehmt sie wenn es so sein muß. Ihr werdet nicht sterben, ich versichere euch. Allenfalls seid ihr gewarnt. Und eh ihr unempfindlich bliebt oder kalte Galanterieschwätzer, eh säh ich euch lieber noch Säuglinge.

Wie sehr müssen sich doch die größten Dichter mißverstehen lassen? Die Stelle die soviel Skandal gibt, wo Werther der Vernunftvorschriften in der Liebe spottet, man solle seine Zeit einteilen u. s. f. wie ekelhaft klingt sie in dem Munde eines Stutzers, eines Säuglings und aller Rezensenten die diese sogleich damit auftreten lassen – und wie ganz anders in Werthers Munde. Seht ihr denn nicht, daß um so reden zu können, man erst geschmeckt haben müsse was Geschäfte auf sich haben, was seine Zeit einteilen heiße u. s. f. Seht ihr denn nicht daß das was in einem solchen Zustand gesagt wird in einem ruhigen Zustand seinen Grund haben müsse in welchem man allen seinen Pflichten ein Genüge getan. Daß man zu jenen nicht kommen könne, wenn man nicht den Weg durch diesen gemacht. Daß das Ausdrücke einer höheren Leidenschaft sind als jemals ihr und eure sieben weise Meister im Stande gewesen sind in ihrem Busen zu nähren.

Und so sind die Stellen alle. Seinem Herzchen den Willen zu gestatten wie einem kranken Kinde. Wer, der nie erfahren hat was Aufopferung, was Selbstverleugnung, was Entsagung der reinsten Vergnügungen um höherer Absichten willen sei, darf diese Worte ins Maul nehmen ohne über und über rot zu werden wie ein Hund für Scham. Was Tausend habt ihr für ein Recht eurem Herzen alles zu gestatten, ihr die ihr es noch an keinem einzigen Verhältnis geübt, ihr die ihr noch nicht wißt ob ihr ein Herz habt. Leidet erst so viel als Werther, tut erst so viel, lernt erst soviel einsehen und übersehen, darnach laßt eurem Herzen den Zügel schießen und es wird keinem Menschen was zu leide tun.

Soviel lieber Freund hab ich zur Rechtfertigung meines Freundes sagen wollen, in Ansehung seines moralischen Charakters. Denn was auch Herr Nicolai sagt, sein Held wäre der Autor (S. 7) so beweist er doch wenig Hochachtung für sein Herz wenn er glaubt, er könne ein Buch in die Welt schicken das in der Republik unausbleiblichen Schaden anrichten müsse. Ich verdenke es den Gottesgelehrten nicht halb so sehr daß sie dieses Buch konfisziert haben, da es für sie und ihren Gesichtspunkt nicht geschrieben war. Aber die Philosophen, die Romandichter, die Kritiker, die die Bedürfnisse ihrer Nation kennen und fühlen sollten – die das Publikum dafür warnen?* Denn was im Grunde will all ihr Geschwätz sonst sagen. Nein lieber Freund! sobald Sie einen hoffnungsvollen Sohn haben, geben Sie ihm den Werther herzhaft in die Hand und schmeißen Sie ihm seine komische Erzählungen dafür ins Feuer (denen ich von Seiten des Witzes nichts abspreche) er wird, um ähnliche Szenen zu erfahren, Schritte tun ein Werther zu werden die ihn sein ganzes Leben hindurch freuen werden. Weg mit dem moralischen Gewäsch drüber, sein eigener Verstand wird das schon durcharbeiten und hier hoffe ich ein wenig mehr Nahrung finden als an der Geschichte eines nachgemachten Landpriesters und eines Junkerchens das nichts weniger als in der Natur ist.

---

* Es sind nach der Zeit noch einige Streitschriften über den Werther in Karlsruhe herausgekommen, die aber in aller Absicht tief unter der Kritik sind.

Liebster bester N… verstehen Sie mich nicht unrecht. [Ich habe] Goethe nicht rechtfertigen sondern nur seine Rezens[enten und] deren Publikum zurecht weisen wollen, um deren Best[es willen] ließ ich mich zu diesem demütigen Ausdruck herab. W[eder Recht]fertigung noch Empfehlung braucht er, das letzte h[ieße nur] in den Brunnen getragen und das erstere allen braven uneingenommenen Lesern Unrecht getan. Sie selbst konnten, ich bin Ihnen gut dafür, über der Lesung dieses Buchs nie einen Zweifel dagegen haben, nur hernach ist Ihnen das so beigefallen, da Sie in unsre moralische Welt zurückkehrten, wo kreuz und quer Worte und Ideen in der Luft und auf dem Papier aneinanderstoßen, bloß um den leeren Zwischenraum der Zeit auszufüllen.

In der Tat ist keine Fertigkeit in unsern Urteilen nirgends mehr anzutreffen und man beschönigt das mit dem saubern Namen der Unparteilichkeit, da man es doch viel wahrer Unvermögen nennen sollte. Viel lieber säh ich's man schwiege ganze still und schöbe sein Urteil auf bis die Zeit es gereift hat. Die Übereilung im Urteilen ist im Grunde nichts als die Faulheit im Urteilen, man überläßt das Geschäfte andern und denn stottert man nach. In unsrer kritischen Zeit wo alles voll Rezensenten heckt – ich muß mich erstaunen, daß ich nirgends ein Urteil lese. Wasch mir den Pelz und mach mir'n nicht naß ist ein altes deutsches Sprüchwort.

Ich muß Ihnen aufrichtig gestehen, daß ich mich noch nicht im Stande fühle, den Werther zu rezensieren noch auch anzuzeigen, denn eine Anzeige denk ich muß doch auch ein Urteil enthalten. Dazu ist's nicht genug die Héloïse und ein paar Romane von Fielding und Goldsmith gelesen zu haben – alle Zeiten, alle Nationen mit ihrem Charakter, ihren Produkten der Kunst und deren Wirkung und Einfluß erkannt verglichen zu haben und alsdenn den Wert unsers Dichters nach Maßgabe der Bedürfnisse unserer Nation zu bestimmen

hic opus, hic labor.

(WuBr 2, S. 673-690)

LENZ
PANDÄMONIUM GERMANIKUM
Eine Skizze

Difficile est satiram non scribere

Der deutschen Wändekritzler Heer
Unzählbar wie der Sand am Meer
Ist, meiner Seel, beim Lichten besehn
Nicht einmal wert, am Pranger zu stehn.
Ein Dunsiadisch Spottgedicht
Lohnt da, Gott weiß, der Mühe nicht
Und ihre Namen nur aufzuschreiben,
Das ließ' der Teufel selbst fein bleiben.

ERSTER AKT

ERSTE SZENE

Der steil' Berg

GOETHE. LENZ *im Reis'kleid.*

GOETHE: Was ist das für ein steil Gebirg mit sovielen Zu-
gängen?
LENZ: Ich weiß nicht, Goethe, ich komm erst hier an.
GOETHE: Ist's doch herrlich, dort von oben zuzusehn, wie
die Leutlein ansetzen und immer wieder zurückrutschen.
Ich will hinauf.
LENZ: Wart doch, wo willt du hin, ich hab dir noch so man-
ches zu erzählen.

GOETHE: Ein andermal. *Goethe geht um den Berg herum und verschwindt.*

LENZ: Wenn er hinaufkommt, werd ich ihn schon zu sehen kriegen. Hätt ihn gern kennen lernen, er war mir wie eine Erscheinung. Ich denk er wird mir winken wenn er auf jenen Felsen kommt. Unterdessen will ich den Regen von meinem Reiserock schütteln.

Erscheint eine andere Seite des Berges, ganz mit Busch überwachsen. Lenz kriecht auf allen Vieren.

LENZ *sich umkehrend und ausruhend:* Das ist böse Arbeit. Seh ich doch niemand hier mit dem ich reden könnte. Goethe, Goethe! wenn wir zusammenblieben wären. Ich fühl's mit dir wär ich gesprungen wo ich itzt klettern muß. Es sollte mich einer der stolzen Kritiker sehn, wie würd er die Nase rümpfen! Was gehn sie mich an, kommen sie mir hier doch nicht nach und sieht mich hier keiner. Aber weh! es fängt wieder an zu regnen. Himmel! bist du so erbost über einen handhohen Sterblichen, der nichts als sich umsehen will. Fort! das Nachdenken macht Kopfweh. *Klettert von neuem.*

Wieder eine andere Seite des Berges aus der ein kahler Fels hervorsticht. Goethe springt 'nauf.

GOETHE *sich umsehend:* Lenz! Lenz! daß er da wäre – Welch herrliche Aussicht! – Da – o da steht Klopstock. Wie daß ich ihn von unten nicht wahrnahm? Ich will zu ihm. Er deucht mich auszuruhen auf dem Ellbogen gestützt. Edler Mann! wie wird's dich freuen jemand Lebendiges hier zu sehn.

Wieder eine andere Seite des Berges. Lenz versucht zu stehen.

LENZ: Gottlob daß ich einmal wieder auf meine Füße kommen darf. Mir ist vom Klettern das Blut in den Kopf geschossen. O so allein. Daß ich stürbe! Ich sehe hier wohl Fußtapfen, aber alle hinunter, keinen herauf. Gütiger Gott so allein.

In einiger Entfernung Goethe auf einem Felsen der ihn gewahr wird. Mit einem Sprung ist er bei ihm.

GOETHE: Lenz was Teutscher machst du denn hier.

LENZ *ihm entgegen:* Bruder Goethe. *Drückt ihn ans Herz.*

GOETHE: Wo zum Henker bist du mir nachkommen?

LENZ: Ich weiß nicht wo du gegangen bist, aber ich hab einen beschwerlichen Weg gemacht.

GOETHE: Ruh hier aus – und dann weiter.

LENZ: An deiner Brust. Goethe, es ist mir, als ob ich meine ganze Reise gemacht um dich zu finden.

GOETHE: Wo kommst du denn her?

LENZ: Aus dem hintersten Norden. Ist mir's doch als ob ich mit dir geboren und erzogen wäre. Wer bist du denn?

GOETHE: Ich bin hier geboren. Weiß ich wo ich her bin. Was wissen wir alle wo wir herstammen?

LENZ: Du edler Junge! Ich fühl kein Haar mehr von all meinen Mühseligkeiten.

GOETHE: Tatst du die Reise für deinen Kopf?

LENZ: Wohl für meinen. Alle kluge und erfahrne Leute widerrieten's mir. Sie sagten, ich suche zu sehr, was zum Gutsein gehöre und versäume darüber das Sein. Ich dachte: seid! und ich will gut sein.

GOETHE: Bist mir willkommen Bübchen! Es ist mir als ob ich mich in dir bespiegelte.

LENZ: O mach mich nicht rot.

GOETHE: Weiter!

LENZ: Weiß es der Henker, wie mir mein Schwindel vergangen ist, seitdem ich dich unter den Armen habe.

Gehn beide einer Anhöhe zu.

Die Nachahmer

GOETHE *steht auf einem Felsen und ruft herunter*
zu einem ganzen Haufen Gaffer.

GOETHE: Meine werte Herrn! wollt ihr's auch so gut haben,
dürft nur da herumkommen – denn daherum – und denn
daherum, 's ist gar nicht hoch ich versichere euch und die
Aussicht ist herrlich. – Lenz nun sollst du deinen Spaß
haben.

Geht ein jämmerlich Gepurzel an. Bleiben ihrer etliche am Fuß
des Berges auf Felssteinen stehen und rufen den andern zu:
Meine Herren wollt ihr's auch so gut haben, dürft nur
daherum kommen.

ANDERE VON DEM HAUFEN: Sollst gleich herunter sein,
Hanns Pickelhäring, bist ja nur um eine Hand hoch hö-
her als wir. *Stoßen einander herunter, jene wehren sich mit den*
Steinen, auf welchen sie stunden.

GOETHE *schlägt in die Hände. Zu Lenz:* Ist das nicht ein Gau-
dium?

DIE SO JENE VORHER HERUNTERGESTOSSEN SAGEN: Wollen
doch sehen ob wir die von oben nicht auch hinabbekom-
men können, ist's uns doch mit diesen gelungen.

EINER: Hör, hast du nicht eine Lorgnette bei dir, ich kann
sie nicht recht unterscheiden dort oben, ich möchte dem
einen zu Leibe der uns herabgerufen hat.

DER ANDERE: Mensch wo denkst du hin, wie willst du an ihn
kommen?

ERSTER: Kam doch David mit der Schleuder bis an Goliath
herauf und ich bin doch auch so niedrig nicht. Ich will
mich auf jenen Stein stellen dort gegen mich über.

DER ANDERE: Probier's.

Goethe stößt Lenzen an, der lauert gleichfalls hinunter.

ERSTER *schwingt einen Stein:* Hör du dort, halt mir ein wenig den Arm fest, er ist mir aus dem Gelenk gegangen.

ZWEITER *durch die Lorgnette guckend:* Da da oben, gerade wo ich mit dem Finger hindeute, da steht der Goethe, ich kenn ihn eigentlich mit seinen großen schwarzen Augen, er paßt auf, er wird sich wohl bücken wenn der Stein kommt, und der andere hat sich hinter ihm verkrochen.

ERSTER *schleudert aus aller seiner Macht:* Da mag er's denn darnach haben. *Der Stein fällt wieder zurück und ihm auf den Fuß. Hinkt herum.* Aye! Aye! was hab ich doch gemacht?

ZWEITER: O du alte Hure! hat grade soviel Kraft in seiner Hand als meine alte Großmutter. *Wirft die Lorgnette weg, faßt den Stein ganz wütend und wirft blindlings über die Schulter seinem Nachbar ins Gesicht, daß der tot zur Erde fällt.* Der Teufel! ich dacht ihn doch recht gezielt zu haben. So hat mich die Lorgnette betrogen. Es wird heutzutage doch kein vernünftig Glas mehr geschliffen.

GOETHE: Wollen uns doch die Lust machen und was herunterwerfen! Hast du ein Bogen Papier bei dir?

LENZ: Da ist.

GOETHE: Sie werden meinen es sei ein Felsstück. Du sollst dich zu Tode lachen. *Läßt den Bogen herabfallen.*

Sie laufen alle mit erbärmlichem Geschrei: O weh! er zermalmt uns die Eingeweide, er wird einen zweiten Ätna auf uns werfen. *Einige springen ins Wasser, andere kehren alle Vier in die Höhe, als ob der Berg schon auf ihnen läge.*

EIN PAAR PEDANTEN: Wir wollen sehen, ob wir uns nicht Schilde flechten können, *testudines* nach Art der Alten. Es werden solcher mehr kommen. *Verlieren sich in ein Weidengebüsch.*

EIN GANZER HAUFEN *auf Knien, die Hände in die Höhe:* O schone, schone! weitwerfender Apoll!

GOETHE *kehrt sich lachend um, zu Lenz:* Die Narren!

LENZ: Ich möchte fast herunter zu ihnen und sie bedeuten.

GOETHE: Laß sie doch. Wenn keine Narren auf der Welt wären, was wär die Welt!

Der ganze Haufe kommt den Berg herangekrochen wie Ameisen, rutschen alle Augenblick zurück und machen die possierlichsten Capriolen.

UNTEN: Das ist ein Berg!

Der Henker hol den Berg!

Ist ein Schwerenotsberg.

Ei was ist dran zu steigen, wollen gehen und sagen wir sind droben gewesen.

ALLE: Das wird das gescheutste sein.

Kommt ein Haufen Fremde zu ihnen, sie komplimentieren sich: Kennen Sie den Herrn Goethe? Und seinen Nachahmer den Lenz? Wir sind eben bei ihnen gewesen, die Narren wollten nicht mit herunterkommen, sie sagten es gefiel ihnen so wohl da in der dünnen Luft.

EIN FREMDER: Wo geht man hinauf meine Herren, ich möchte sie gern besuchen.

EINER: Ich rat es Ihnen nicht. Wenn Sie zum Schwindel geneigt sind –

FREMDER: Ich bin nicht schwindligt.

ERSTER: Schadt nichts, Sie werden's schon werden. Unter uns gesagt, die Wege sind auch verflucht verworren durcheinander, wir müßten Sie bis oben hinauf begleiten. Der Lenz selber soll sich einmal verirrt haben ganzer drei Tage lang.

FREMDER: Wer ist denn der Lenz, den kenn ich ja gar nicht.

ERSTER: Ein junges aufkeimendes Genie aus Kurland, der

bald wieder nach Hause zurückreisen wird. Er ist von meinen vertrautsten Freunden und schreibt kein Blatt, das er nicht vorher mir weist.

FREMDER: Und der ist so hoch heraufkommen?

ERSTER: Der Goethe hat ihn mitgenommen, er hat mir's auch angetragen, aber ich wollte nicht, meine Lunge ist mir zu lieb. Doch hab ich ihn besucht oben.

FREMDER: Ich möchte doch die beiden Leute gern kennen lernen, es müssen sonderbare Menschen sein.

ERSTER: Ach sie werden gleich herunterkommen, wenn wir ihnen winken werden. *Winken mit Schnupftüchern, jene kehren sich um und gehen fort.*

ERSTER: Sehn Sie? Warten Sie nur einen Augenblick, sie werden gleich da sein.

ZWEITER: Wart du bis morgen früh. Da sind sie schon auf einem andern Hügel.

FREMDER: Das ist impertinent. Wenn man bei uns *Auteur* ruft und er kommt nicht, wird er ausgepfiffen.

ERSTER: Wollen wir auch pfeifen?

ZWEITER: Was hilft's, sie hören's doch nicht.

ERSTER: Desto besser.

DRITTE SZENE

Die Philister

LENZ *sitzt an einem einsamen Ort ins Tal hinabsehend, seinen Hofmeister im Arm. Einige Bürger aus dem Tal reden mit ihm.*

EINER: Es freut uns daß wir Sie näher kennen lernen.

ZWEITER: Es verdrießt mich aber doch in der Tat, daß Ihre Stücke meist unter einem andern Namen herumlaufen.

LENZ: Und mich freut's. Wenn sie so geschwinder ihr Glück

machen, soll ich's meinen Kindern mißgönnen? Würd ein Vater sich grämen wenn sein Sohn seinen Namen veränderte, um desto leichter emporzukommen?

DRITTER: Wenn man nun aber zu zweifeln anfinge, ob Sie allein im Stande gewesen wären –

LENZ: Laß sie zweifeln. Was würd ich durch ihren Glauben gewinnen? Das Gefühl, an diesem Herzen ist er warm geworden, hier hat er sein Feuer und alle gutartige Mienen bekommen, die andern Leuten an seinem Gesicht Vergnügen machen, ist stärker und göttlicher als alles Schnettern der Trompete der Fama eins aufschütteln kann. Dies Gefühl ist mein Preis und der angenehme Taumel in den mich der Anblick eines solchen Sohnes bisweilen zurücksetzt und der fast der Entzückung gleicht mit der er geboren ward.

Goethe, über ein Tal herabhängend, in welchem eine Menge Bürger emporgucken und die Hände in die Höhe strecken.

EINER: Traut ihm nicht.

ZWEITER: Da bewegt er sich. Gewiß in der andern Hand, die er auf dem Rücken hat, hält er nichts Guts.

EIN GELEHRTER UNTER IHNEN: Es scheint der Mann will gar nicht rezensiert sein.

EIN PHILISTER: Ihr Narren, wenn er euch auch freien Willen ließe, er würde bald unter die Füße kommen. Und er streitet nicht für sich allein, sondern auch für seine Freunde.

Die Journalisten

EINER: Es fängt da oben an bald zu wölken bald zu tagen. Hört Kinder, es ist euch kein andrer Rat, wir müssen hinauf und sehen wie die Leute das machen.

ZWEITER: Ganz gut, wie kommen wir aber hinauf.

ERSTER: Wollen wir ein Luftschiff machen wie die bösen Geister im Noah das uns in die Höhe hebt.

ZWEITER: Ein fürtrefflicher Einfall. Es kommt auch so ein Wind von oben herab, der uns schon heben wird.

ERSTER: Ich hab auch eben nichts Bessers zu tun und es wäre doch kurios den Leuten auf die Finger zu sehen.

DRITTER: Mir wird die Zeit auch so verflucht lang hier unten, ich weiß wahrhaftig nicht mehr was ich angreifen soll.

VIERTER: So können wir uns auch mit leichter Mühe berühmt machen.

FÜNFTER: Und ich will meine Akten und all ins Feuer werfen, was Henkers nützen einem auch die Brotstudia. Es soll uns so an Geld nicht fehlen.

SECHSTER *zum Siebenten:* Wenn die droben sind, wollen wir einen Geist der Journale schreiben. Das geneigte Publikum wird doch gescheut sein und pränumerieren, wie dem Klopstock da.

SIEBENTER: Wenn aber ein Achter käm und schrieb einen Geist des Geists?

SECHSTER: Es ist der Geist der Zeit. Laß uns keine Zeit verlieren, wer zuerst kommt der mahlt erst.

Heben sich auf ihrem Luftschiff mit Goethens Wind und machen ihm Komplimente.

GOETHE: Landt an, landt an! *Zu Lenz.* Wollen den Spaß mit

den Kerlen haben. *Wirft ihnen ein Seil zu, die Journalisten verwandeln sich alle in Schmeißfliegen und besetzen ihn von oben bis unten.* Nun zum Sackerment. *Schüttelt sie ab.*
Sie bekommen die Gestalt kleiner Jungen und laufen auf dem Berg herum, Hügelein auf, Hügelein ab. Goethe steigt eine neue Erhöhung hinan, eine Menge von ihnen umklammert ihm die Füße: Nimm mich mit, nimm mich mit.

GOETHE: Liebe Jungens laßt mich los, ich kann ja sonst nicht weiter kommen.

EINER: Womit soll ich dich vergleichen? Alexander, Cäsar, Friedrich: o das waren alles kleine Leute gegen dich.

ZWEITER: Wo sind die großen Genieen der Nachbarn, die Shakespear, die Voltaire, die Rousseau.

DRITTER: Was sind die so sehr gerühmten Alten selber? der Schwätzer Ovid, der elende Virgil und dein so sehr erhabner Homer selbst. Du du bist der Dichter der Deutschen und soviel Vorzüge unsere Nation vor den alten Griechen –

LENZ *sein Haupt verhüllend:* O weh sie verderben mir meinen Goethe.

GOETHE: Daß euch die schwere Not. *Schüttelt sie von den Beinen und wirft sie alle kopflängs den Berg hinunter.* Ihr Schurken, daß ihr euch immer mit fremder Größe beschäftigt und nie eure eigene ausstudiert. Wie seid ihr Stande zu fühlen was Alexander war, oder was Cäsar war, wie seid ihr im Stande zu fühlen was ich bin. Wie unendlich anders die Größe eines Helden, eines Staatsmannes eines Gelehrten und eines Künstlers! Ich bin Künstler dumme Bestien und verlangte nie mehr zu sein. Sagt mir ob's mir in meiner Kunst geglückt ist, ob ich wo einen Strich wider die Natur gemacht habe, und denn sollt ihr mir willkommen sein. Übrigens aber haltet's Maul mit euren wahnwitzigen Ausrufungen von Groß Göttlich und merkt euch die Antwort die der König von Preußen einem gab, der ihn zum Halbgott machen wollte. Und der König von Preußen ist doch ein ganz andrer Mann als ich.

DIE JOURNALISTEN: Wir wollen alle Künstler werden.

GOETHE: In Gottes Namen, ich will euch dazu behülflich sein.

EINER: Wir brauchen Eurer Hülfe nicht. Ich bin schon ein zehnmal größrer Mann als du bist.

LENZ *sieht wieder hervor:* Also auch als alle die, die er unter dich gestellt hat.

GOETHE *lacht:* So aber gefällt mir der Kerl.

LENZ: Lieber Goethe, ich möchte mein Dasein verwünschen, wenn's lauter Leute so da unten gäbe.

GOETHE: Haben sie's andern Nationen besser gemacht? Woher denn der Verfall der Künste, wenn sie zu einer gewissen Höhe gestiegen waren.

LENZ: Ich wünschte denn lieber mit Rousseau wir hätten gar keine und kröchen auf allen Vieren herum.

GOETHE: Wer kann davor?

LENZ: Ach ich nahm mir vor hinabzugehen und ein Maler der menschlichen Gesellschaft zu werden: aber wer mag da malen wenn lauter solche Fratzengesichter unten anzutreffen. Glücklicher Aristophanes, glücklicher Plautus, der noch Leser und Zuschauer fand. Wir finden, weh uns, nichts als Rezensenten und könnten eben so gut in die Tollhäuser gehen um menschliche Natur zu malen.

ERSTE SZENE

Der Tempel des Ruhms

HAGEDORN *spaziert einsam herum und pfeift*
zum Zeitvertreib Liederchen.

HAGEDORN: Wie wird mir die Zeit so lang, Gesellschaft zu finden. *Setzt sich an eine schwarze Tafel und malt einige Tiere hin.*

LAFONTAINE *der mit einigen andern Franzosen hinter einem Gitter auf dem Chor sitzt, bückt sich über dasselbe hervor und ruft indem er in die Hände patscht: Bon! bon! cela passe!*
Tritt herein ein schmächtiger PHILOSOPH, *ducknackigt, mit hagerem Gesicht, großer Nase, eingefallenen hellblauen Augen, die Hände auf die Brust gefaltet. Bleibt verwundernd Hagedorn gegenüber stehen ohn aus seiner Stellung zu kommen. Auf einmal erblickt er Lafontainen, kehrt sich weg und tritt in den Winkel um nicht gesehen zu werden. Nach einer Weile kommt er mit einigen Papieren voll Zeichnungen hervor, die er sich vor die Stirne hält. Hagedorn läßt die Kreide fallen, eine Menge Menschen umringen und bewundern ihn, der Haufe wird immer größer, er verzieht seine sauertöpfische Miene und sagt mit hohler Stimme und hypochondrischem Lachen:*
Was seht ihr da? – Wenn ihr mir gute Worte gebt, mal ich euch Menschen.
Gleich drängen sich verschiedene die sein frommes Aussehen dreist macht zu ihm, unter denen ein großer Haufe alter Weiber und zutätiger Mütterchen. Er wendet sich um – und flugs steht eine von ihnen auf dem Papier da, die er darnach vorzeigt. Da geht ein überlautes Gelächter von einer und ein Geschimpf von der andern Seite an.

ALTES WEIB: Der Gotteslästerer! Er hat keinen Glauben, er hat keine Religion, sonst würd er das ehrwürdige Alter nicht spotten. Es ist ein Atheist.

Bei diesen Worten fällt Gellert auf die Knie und bittet um Gotteswillen man soll ihm das Bild zurückgeben, das man ihm schon aus den Händen gewunden hat, er wolle es verbrennen.

EINIGE FRANZOSEN *hinterm Gitter: Oh l'original!*

MOLIÈRE *sich den Stutzbart streichend: Je ne puis pas concevoir ces Allemands là. Il se fait un crime d'avoir si bien réussi. Il n'aurait qu'à venir à Paris, il se corrigerait bien de cette maudite timidité.*

Herr Weiße, einer aus dem Haufen, sehr weiß gepudert, mit Steinschnallen in den Schuhen, läuft schnell heraus und nimmt sich ein Billet auf die Landkutsche nach Paris.

Gellert unterdessen dringt durch den Haufen zu seinem Winkel, wo er sich auf die Knie wirft und die bittersten Tränen weint. Auf einmal fängt er an geistliche Lieder zu singen, worauf er am Ende in ein gänzlich trübsinniges Stillschweigen verfällt, als ob er ein schwer Verbrechen auf dem Gewissen hätte. Ein Engel fliegt vorbei und küßt ihm die Augen zu.

EINE STIMME: Redliche Seele! selbst in deinen Ausschweifungen ein Beweis, daß eine deutsche Seele keiner unedlen Narrheit fähig sei.

Als er stirbt DIE FRANZOSEN: *Il est fou.*

Am äußersten Ende des Gitters ROUSSEAU *auf beide Ellbogen gestützt: C'est un ange.*

RABENER *tritt herein, den Haufen um Gellert zerstreuend.*

RABENER: Platz, Platz für meinen Bauch *(mit der Hand)* und nun noch mehr für meinen Satyr, daß er gemächlich auslachen kann. Was in aller Welt sind das Gesichter hier.
Zieht einen zylindrischen Spiegel hervor. Sie halten sich alle die Köpfe und entlaufen mit großem Geschrei wie eine Herde gescheuchter Schafe. Einige ermannen sich und treten sehr gravitätisch näher. Als sie nah kommen, können sie sich doch nicht enthalten, mit den Köpfen zurückzufahren. Als vernünftige Leute lachen sie aber selbst über die Grimassen die sie machen.

RABENER: Seid ihr's bald müde?
Gibt einem nach dem andern den Spiegel in die Hand, sie erschröcken sich mit ihren eigenen Gesichtern.

ALLE: So gefällt's uns doch besser als nach dem Leben.

RABELAIS und SCARRON *von oben: Au lieu du miroir, s'il s'était ôté la culotte, il aurait mieux fait.*
Liscow horcht herauf, und da eben ein paar Waisenhäuserstudenten neben ihm stehen, zieht er sich die Hosen ab, die schlagen ein Kreuz, er jägt sie so rücklings zum Tempel hinaus. Ein ganzer Wisch junger Rezensenten bereden sich, bei erster Gelegenheit ein gleiches zu tun. Klotz bittet sie, nur solang zu warten bis er sich zu jenen drei Stufen hervorgedrängt, auf die er steigen und sodann zu allgemeiner Niederlassung der Hosen das Signal geben will.

KLOTZ: Das wird einen Teufels-Jokus geben. Es bleibt keine einzige Dame in der Kirche.

EINER: Die Komödiantinnen bleiben doch.

ZWEITER: Und die H*ren. Wir wollen Oden auf sie machen.
Anakreons Leier wird hervorgesucht und gestimmt. Die honet-

ten Damen die was merken entfernen sich in eine Ecke der Kirche. Die andern treten näher. Rost spielt auf. Zu gleicher Zeit zieht Klotz die Hosen ab. Eine Menge folgen ihm. Das Gelächter, Gekreisch und Geschimpf wird allgemein. Die honetten Damen und die Herren von gutem Ton machen einen Zirkel um Rabener und lassen sich mit ihm in tiefsinnige Diskurse ein.

EINE STIMME: Flor der deutschen Literatur.

EINE ANDERE: *Saeculum Augusti.*

DIE FRANZOSEN *von oben: Voilà ce qui me plaît. Ils commencent à avoir de l'esprit, ces gueux d'Allemands là.*

CHAULIEU und CHAPELLE: *En voilà un qui ne dit pas le mot, mais il semble bon enfant, voyez comme il se plaît à tout cela, comme il sourit secouant la tête.*

Stoßen mit dem Stock an, winken ihm heraufzukommen, er geht hinauf.

Gleim tritt herein, mit Lorbeern ums Haupt, ganz erhitzt in Waffen. Als er den neckischen tollen Haufen sieht, wirft er Rüstung und Lorbeer weg, setzt sich zu der Leier und spielt, jedermann klatscht. Der ernsthafte Zirkel wird auch aufmerksam, Uz tritt daraus hervor; wie Gleim aufgehört hat, setzt er sich gleichfalls an die Leier.

EIN JUNGER MENSCH *tritt aus dem ernsthaften Haufen hervor, mit verdrehten Augen, die Hände über dem Haupt zusammengeschlagen sagt:* Ω ποποι! was für ein Unterfangen, was für eine zahmlose und schamlose Frechheit ist das? Habt ihr so wenig Achtung, so wenig Entsehen für diese würdige Personen, ihre Ohren und Augen mit solchen Unflätereien zu verwunden? Schämt euch, verkriecht euch, ihr sollt diese Stelle nicht länger schänden die ihr usurpiert habt, heraus mit euch Bänkelsängern, Wollustsängern, Bordellsängern, heraus aus dem Tempel des Ruhms.

Ein paar Priester folgen dicht hinter ihm drein, trommeln mit

den Fäusten auf die Bänke, zerschlagen die Leier und jagen sie
alle zum Tempel hinaus. Wieland bleibt stehen, die Herren und
Damen umringen ihn und erweisen ihm viel Höflichkeiten für
die Achtung so er ihnen bewiesen.

WIELAND: Womit kann ich den Damen itzt aufwarten, ich
weiß in der Geschwindigkeit wahrhaftig nicht – sind Ihnen Sympathien gefällig – Briefe der Verstorbnen an die
Lebendigen, oder befehlen Sie ein Heldengedicht, eine
Tragödie.

DIE GESELLSCHAFT: Was von Ihnen kommt muß alles vortrefflich sein. *Er kramt seine Taschen aus.*

Die Herrn und Dames besehen die Bücher und loben sie höch-
lich. Endlich weht sich die eine mit dem Fächer, die andere
gähnend:

Haben Sie nicht noch mehr Sympathien?

WIELAND: Nein wahrhaftig gnädige Frau – o lassen Sie sich
doch die Zeit nur nicht lang werden – Warten Sie nur
noch einen Augenblick, wir wollen sehen ob wir nicht
etwas finden können. *Geht herum und sucht, findt die zer-*
brochne Leier die er zu reparieren anfängt. Sogleich, sogleich – nur einen Augenblick – ich will sehen ob ich
noch was herausbringe. *Spielt.*

Alle Damen halten die Fächer vor den Gesichtern, man hört hin
und wieder ein Gekreisch: Um Gottes willen hören Sie doch
auf.

Er läßt sich nicht stören, sondern spielt nur immer rasender.

DIE FRANZOSEN: *Ah le gaillard! Les autres s'amusaient avec des*
grisettes, cela débauche les honnêtes femmes. Il a pourtant bien
pris son parti.

EINER: *Je ne crois pas que ce soit un Allemand, c'est un Italien.*

CHAPELLE und CHAULIEU: *Ah ça – pour rire – descendons notre*
petit (lassen Jacobi auf einer Wolke von Nesseltuch nieder, wie
einen Amor gekleidt), cela changera bien la machine.

JEDERMANN: Ach sehen Sie doch um Himmelswillen.

Jacobi spielt in der Wolke auf einer kleinen Sackvioline. Einige aus der Gesellschaft fangen an zu tanzen. Er läßt eine erschröckliche Menge Papillons fliegen.

DIE DAMES *haschen nach ihnen und rufen:* Liebesgötterchen! Liebesgötterchen!

JACOBI *springt aus der Wolke und schlägt die Arme kreuzweis übereinander, schmachtend zusehend:* O mit welcher Grazie!

WIELAND: Von Grazie hab ich auch noch ein Wort zu sagen. *Spielt. Die Damen minaudieren erschröcklich, die Herren setzen sich einer nach dem andern in des Jacobi Wolke und schaukeln damit herum. Andere lassen gleichfalls Papillons fliegen. Die Alten tun sie unter das Vergrößerungsglas und einige Philosophen legen den Finger an die Nase um die Unsterblichkeit der Seele aus ihnen zu beweisen. Eine Menge Offiziers machen sich Kokarden von Papillonsflügeln, andere kratzen mit dem Degen an der Leier sobald Wieland zu spielen aufhört. Endlich gähnen sie alle.*

Eine Dame die, um nicht gesehen zu werden, hinter Wielands Rücken unaufmerksam auf alles was vorging gezeichnet hatte, gibt ihm das Bild zum Sehen, er zuckt die Schultern, lächelt, macht ihr ein halbes Kompliment und reicht es großmütig herum. Jedermann macht ihm Komplimente darüber, er bedankt sich schönstens, steckt es wie halbzerstreut in die Tasche und fängt wieder zu spielen an. Die Dame errötet. Die Palatinen der andern Damen die Wieland zuhören kommen in Unordnung, weil die Herrchen zu ungezogen werden. Wieland winkt ihnen lächelnd zu und Jacobi hüpft wie unsinnig von einer zur andern herum.

Indessen klatscht DIE GANZE GESELLSCHAFT *und ruft gähnend:* Bravo! bravo! bravo! le moyen d'ouïr quelque chose de plus ravissant.

Goethe stürzt herein in Tempel, glühend, einen Knochen in der Hand.

GOETHE: Ihr Deutsche? – – Hier ist eine Reliquie eurer Vorfahren. Zu Boden mit euch und angebetet, was ihr nicht werden könnt.

Wieland macht ein höhnisch Gesicht und spielt fort. Jacobi bleibt mit offenem Mund und niederhangenden Händen stehen.

GOETHE *auf Wieland zu:* Ha daß du Hektor wärst und ich dich so um die Mauren von Troja schleppen könnte. *Zieht ihn an den Haaren herum.*

DIE DAMEN: Um Gotteswillen Herr Goethe, was machen Sie?

GOETHE: Ich will euch spielen, obschon's ein verstimmtes Instrument ist. *Setzt sich hin, stimmt ein wenig und spielt. Jedermann weint.*

WIELAND *auf den Knien:* Das ist göttlich.

JACOBI *hinter Wieland gleichfalls auf Knien:* Das ist eine Grazie, eine Wonneglut.

EINE GANZE MENGE DAMEN *stehn auf und umarmen Goethe:* O Herr Göthe!

Die Chapeaux werden alle ernsthaft. Eine Menge laufen heraus, andere setzen sich Pistolen an die Köpfe, setzen aber gleich wieder ab. Der Küster, der das sieht, läuft und stolpert aus der Kirche.

DRITTE SZENE

KÜSTER. PFARRER.

KÜSTER: O Herr Pfarrer um Gotteswillen, es geschieht Mord und Totschlag in der Kirche wenn Sie nicht zu Hülfe kommen. Da ist der Antichrist plötzlich hereingetreten, der ihnen allen die Köpfe umgedreht hat, daß sie sich das Leben nehmen wollen. Sie haben alle Schießgewehr bei sich, meine arme Frau, meine arme Kinder sind auch drunter, wer weiß wie leicht ein Fehlschuß sie treffen kann.

PFARRER *zitternd und bebend:* Meine Frau ist auch da, Gott steh mir bei. Kann Er sie nicht herausrufen.

KÜSTER: Nein Herr Pfarrer Sie müssen selber kommen, das ganze Ministerium muß kommen, es ist als ob der Teufel in sie alle gefahren wäre, ich glaube Gott verzeih mir, der Jüngste Tag ist nahe.

PFARRER *einmal über das andere sich trostlos umsehend:* Wenn meine Frau nur kommen wollte! Könnt Er ihr nicht zurufen? *Die Hände ringend.* Hab ich das in meinem Leben gehört, sie wollen sich erschießen und warum denn?

KÜSTER: Um unsrer Weiber willen allerliebster Herr Pfarrer! Das ist Gott zu klagen, ich glaube es ist ein Hexenmeister der unter sie gekommen ist. Vorhin saßen sie da in aller Eintracht und hatten ihren Spaß mit den Papillons, da führt ihn der böse Feind hinein, und sagt, wenn's doch gespielt sein soll, so spielt mit Pistolen.

PFARRER: Ob sie aber auch geladen sind?

KÜSTER: Das weiß ich nun freilich nicht. Aber auch mit ungeladenen ist's doch sündlich. Man weiß wie leicht der Böse sein Spiel haben kann.

PFARRER *sehr wichtig und nachdenklich:* Wir wollen ein Mandat vom Consistorio auswirken.

KÜSTER: Das wär meine Meinung auch Herr Pfarrer so. Und daß sie den Prometheus verbrennen sollen, oder den höllischen Proteus wie er da heißt. Andern zur Warnung mein ich.

PFARRER: Wenn meine Frau nur kommen wollte.

KÜSTER: Sie wird sich noch in ihn verlieben und meine Frau auf den Kauf mit ein, die Weiber sind all wie bestürzt auf das Ding, sie sagen sie haben sowas in ihrem Leben noch nicht gehört. Denn sehn Sie es ist kein einzig Weib das nicht glaubt, heimlich in der Stille haben sich schon ein zehn zwölf arme Buben um sie zu Tode gegrämt, und dieser erschießt sich gar, das ist ihnen nun ein gar zu gefundenes Fressen das. In Böhmen ist neuerdings wieder ein Baurenkrieg angebrochen, gebt acht Herr Pfarrer, dieser Mensch gibt uns einen Weiberkrieg wo am Ende keine Mannsseele mehr am Leben bleibt als ich und der Herr Pfarrer. Wir wollten endlich das menschliche Geschlecht auch nicht ausgehen lassen.

PFARRER: Seid unbesorgt. Wenn ich mich nur durch die Hintertür in die Kirche schleichen und dem Unwesen zusehen könnte. Ich wollte sodann ganz in der Stille die Kanzel heraufkriechen und auf einmal zu donnern anfangen. Das tut seine gewisse Wirkung, glaubt es mir.

KÜSTER: Sicher Herr Pfarrer, ich mein es auch so, und ich will den Glauben zu gleicher Zeit anstimmen, daß der Teufel aus der Kirche fährt.

PFARRER: Ihr könnt das *Te Deum laudamus* hernach singen, wenn ich fertig bin. *Gehn ab.*

VIERTE SZENE

GOETHE *zieht* WIELAND *das Blatt Zeichnung aus der Tasche das er vorhin von der Dame eingesteckt.*

GOETHE *hält's hoch:* Seht dieses Blatt – und hier ist die Hand die es gezeichnet hat. *Die Verfasserin der Sternheim ehrerbietig an die Hand fassend.*

EINE PRÜDE *weht sich mit dem Fächer:* O das wäre sie nimmer im Stande gewesen allein zu machen.

EINE KOKETTE: Wenn man ein so groß Genie zum Beistand hat, wird es nicht schwer einen Roman zu schreiben.

GOETHE: Errötest du nicht Wieland? verstummst du nicht?

Kannst du ein Lob ruhig anhören, das soviel Schande über dich zusammenhäuft? Wie daß du nicht deine Leier in den Winkel warfst, als die Dame dir das Bild gab, demütig vor ihr hinknietest und gestandst du seist ein Pfuscher? Das allein hätte dir Gnade beim Publikum erworben das deinem Wert nur zu viel zugestand. Seht dieses Bild an. *Stellt es auf eine Höhe.*

ALLE MÄNNER *fallen auf ihr Angesicht, rufen:* Sternheim wenn du einen Werther hättest, tausend Leben müßten ihm nicht zu kostbar sein.

PFARRER *von der Kanzel herunter mit Händen und Füßen schlagend:* Bösewichter! Unholde! Ungeheuer! Von wem habt ihr das Leben? Ist es euer? Habt ihr das Recht, drüber zu schalten?

EINER AUS DER GESELLSCHAFT: Herr Pfarrer halten Sie das Maul.

KÜSTER *mischt sich unter sie:* Ja erlauben Sie meine großgünstige Herren, es ist aber auch ein Unterschied zwischen einer schönen Liebe und einer solchen gottsvergessenen, und denn so mit Ihrer großgünstigen Erlaubnis, der Herr Pfarrer hat auch so unrecht nicht, denn sehn Sie einmal, meine arme Frau steht auch in Gefahr, eines Menschen Leben auf ihr Gewissen zu laden, und da ich mit den Gespenstern nichts gern zu teilen habe –

EIN BUCHBINDER: Ei freilich, ich bin auch von des Herrn Küsters Partei, meine Nachtruhe ist mir lieb auch.

KÜSTER: Also mit Ihrer gnädigen Erlaubnis meine Herren, wäre mein Rat wohl, wir gingen fein alle nach Hause und schlössen die Kirchtür zu. Wer Lust hat den Werther zu machen kann immer drin bleiben, he he he ich denk er wird doch in der Einsamkeit schon zu Verstand kommen, wir andere ehrliche Bürgersleut aber gehen heim nach dem Sprüchlein Lutheri:

Ein jedes lern sein Lektion,
So wird es wohl im Hause stohn.

GOETHE: Geht in Gottes Namen. Ich bleib allein hier.

Es bleiben einige bei ihm im Tempel. Die meisten gehn heraus und der Küster schließt die Kirchtür zu.

KÜSTER: So. Du sollst mir nicht mehr herauskommen.

PFARR: Nur die Schlüssel der Frau nicht gegeben.

FRAU PFARR: Mannchen! der arme Werther.

PFARR und KÜSTER: Da haben wir's, da wirkt das höllische Gift. Ich wollt er läg auf unserm Kirchhof, oder der verachtungswürdige Proteus an seiner Stelle. Wir wollten die Knochen ausgraben lassen, verbrennen und die Asche aufs Meer streuen.

KÜSTER: Ich wollt einen Mühlstein an die Asche hängen und sie ersäufen lassen. Er hat mich in die Seele hinein geärgert. Mein armes Weibchen was machst du denn? Du wirst doch nicht toll sein und dir auch deinen Werther schon angelegt haben, ich wollte dich – Es ist wohl gut, daß in Teutschland keine Inquisition ist, aber es ist doch nicht gar zu gut. Ich wollte mein Leben dran setzen einen solchen Rebellen, einen solchen –

KÜSTERS FRAU: Er ein Rebell?

KÜSTER: Red mir nicht. Was für schnöde Worte er im Munde führt. Wenn man das alles auseinandersetzte was der Werther sagt.

KÜSTERS FRAU: Er sagt es ja aber in der Raserei, da er nicht recht bei sich war.

KÜSTER: Er soll aber bei sich bleiben der Hund. Wart nur ich will ein Buch schreiben, da will ich dich lehren und alle die den Werther mir so gelobt haben – kurz und gut Weib, lieber doch einen Schwager als einen Werther, kurz von der Sache zu reden. Und damit so weißt du meine Meinung und laß mich mit Frieden.

Die Dramenschreiber

WEISSE *und* KÜSTERS FRAU *vor der Kirchentür.*

WEISSE: Liebe Frau, ich bin eben aus Welschland zurückgekommen, mach Sie mir nur auf, Ihr Mann wird nichts
dawider haben. Ich hab die Taschen voll, ich muß hinein.
Ich werd dort gewiß keinen Unfug anrichten, das sei Sie
versichert. *Sie macht auf. Er tritt herein in einem französischen Sammetkleide mit einer kurzen englischen Perücke, macht
im Zirkel herum viel Scharrfüße und fängt folgendergestalten
an:* Meine werte Gesellschaft, ist es Ihnen gefälliger zu
lachen oder zu weinen. Beides sollen Sie in kurzer Zeit
auf eine wunderbare Art an sich erfahren. *Kehrt sich weg,
zieht einige Papiere heraus und murmelt die Expressionen, als
ob er sie repetierte. ›Hell! destruction! damnation!‹ Darauf tritt
er hervor und deklamiert in einem unleidlich hohlen Ton mit
erstaunenden Kontorsionen.*

HERR SCHMIDT *ein Kunstrichter, steht vor ihm beide Finger auf
den Mund gelegt:* Es ist mir als ob ich die Engländer selber
hörte.

MICHAELIS: Es ist unser deutsche Shakespear.

SCHMIDT: Sehen Sie nur was für eine wunderbare Vereini-
gung aller Vollkommenheiten, die das englische sowohl
als das französische Theater auszeichnen. Das griechi-
sche mit eingeschlossen. Ich wünschte Garricken hier.

WEISSE *mit vielen Kratzfüßen sehr freundlich:* So sehr es meiner
Bescheidenheit kostet, mich mit in diesen Streit zu men-
gen, so muß ich doch gestehn daß ich glaube, Herr
Schmidt habe mich am richtigsten beurteilt.

MICHAELIS: Herr Schmidt ist unser deutsche Aristarch, er

hört nicht auf das was andere sagen sondern fällt sein Urteil mit einer Festigkeit und Gründlichkeit die eines Scaliger würdig ist.

SCHMIDT: O ich bitte um Vergebung, ich richte mich mit meinem Urteil immer nach der allgemeinen Stimme von Deutschland. Zu dem Ende korrespondiere ich mit den Pedellen von fast allen deutschen Akademien und bleibt mir nicht viel Zeit übrig im Scaliger zu lesen und seine Manier anzunehmen. Ich bin ein Original.

WEISSE: Belieben Sie, nun noch ein Pröbchen von einer andern Art zu sehen. *Nimmt den Hut untern Arm und trippt auf den Zehen herum: Mais mon Dieu!* hi, hi, hi! *Im Soubrettenton: Vous êtes un sot animal. Trillert und singt: Monseigneur voyez mes larmes.*

EINE STIMME AUS DEM WINKEL: Das sollen Deutsche sein?

SCHMIDT: Sehen Sie doch, es ist mir als ob ich in Paris wäre. Es ist wahr, alle die Züge sind nachgeahmt, aber mit solcher Delikatesse als man die blaue Haut einer Pflaume anfaßt, ohne sie abzustreifen.

MICHAELIS: O wunderbarer Ausspruch eines wahren kritischen Genies. — — Ich habe solche Kopfschmerzen. Herr Schmidt, wollen Sie mich denn nicht auch kritisieren vor meinem Tode.

SCHMIDT: Mir sind die letzten Briefe ausgeblieben.

MICHAELIS: Ei Sie sind ja wohl Manns genug selber ein Urteil zu fällen. Sehen Sie hier hab ich auch eine Operette.

SCHMIDT: Nein nein erlauben Sie mir das wag ich nicht. Seit der selige Klotz vor mir die Hosen abgezogen hat bin ich ein wenig geschröckt worden. Herr Lessing hat mir auch einmal einen Faustschlag unter die Rippen gegeben, von dem ich zehn Tag lang engen Atem behielt. Ich habe hernach alles anwenden müssen, die beiden Herren zu be-

sänftigen: besonders Herrn Lessing zu gefallen hab ich
wohl zehn Nächte nach einander aufgesessen um nach
seiner Idee zehn englische Stücke in eines zu bringen,
und der fürchterliche Plan hat mir eine solche Migräne
verursacht, daß ich fürchte, Herr Lessing hat sich auf die
Art schlimmer an mir gerochen als auf die erstere.

MICHAELIS: So muß ich denn wohl unbeurteilt sterben. Deinen Segen deutscher Shakespear.

WEISSE *mit feiner Stimme, wie unter der Maske: Bon voyage mon
cher Monsieur! je vous suis bien obligé de toutes vos politesses.*

SCHMIDT *aus den deutschen Literaturbriefen:* Der Mann hat
eine wunderbare Gabe sich in alle Formen zu passen.

*Lessing, Klopstock, Herder treten herein umarmt, Klopstock in der
Mitte, in sehr tiefsinnigen Gesprächen, ohne Weißen gewahr zu
werden.*

LESSING: Was ist das, was haben die Leute? *Weiße macht seine
Kunststücke fort.* Soll das Nachahmung der Franzosen sein
oder der Griechen?

WEISSE *scharrfüßelnd:* Beides.

LESSING: Wißt ihr was die Franzosen für Leute sind? Laßt
uns einmal ihre Bilderchen besehen. *Tritt vor eine Galerie
und examiniert.* Da zu hoch, da zu breit, da zu schmal,
nirgends Zusammenhang, nirgends Ordnung, nirgends
Wahrheit. Und das sind eure Muster?

HERDER: Ich hörte da was von Shakespear raunen. Kennt
ihr den Mann? – Tritt unter uns Shakespear, seliger Geist!
steig herab von deinen Himmelshöhen.

SHAKESPEAR *einen Arm um Herder geschlungen:* Da bin ich.
*Weiße schleicht zum Tempel heraus. Sein ganzer Anhang folgt
ihm. Jedermann drängt zu, Shakespearn zu sehen, einige fallen
vor ihm nieder. Aus einer Reihe französischer Dramendichter,
die auf einer langen Bank sitzen und alle kritzeln oder zeich-*

nen, hebt sich einer nach dem andern wechselsweise hervor und guckt nach Shakespear, setzt sich aber gleich wieder mit einer verachtungsvollen Miene und zeichnet fort nach griechischen Mustern.

KLOPSTOCK *vor Shakespearn, sieht ihm lange ins Gesicht:* Ich kenne dies Gesicht.

SHAKESPEAR *schlägt den andern Arm um Klopstock:* Wir wollen Freunde sein.

KLOPSTOCK *umarmt ihn brünstig, zuckt auf einmal und sieht sich umher:* Wo sind meine Griechen? Verlaßt mich nicht.
Shakespear verschwindt wieder. Herder wischt sich die Augen.

HERDER *in sanfter Melancholei vorwärts gehend:* Was der Junge dort haben mag, der so im Winkel sitzt und Gesichter über Gesichter schneidt. Ich glaub es gilt den Franzosen. Bübchen was machst du da? *Lenz steht auf und antwortet nicht.* Was ist dir?

LENZ: Es macht mich zu lachen und zu ärgern, beides zusammen.

HERDER: Was denn?

LENZ: Die Primaner dort, die uns weismachen wollen sie wären was, und der große hagere Primus in ihrer Mitte, und sind Schulknaben wie ich und andere. Zeichnen da ängstlich und emsig nach Bildern die vor ihnen liegen, und sagen das soll unsern Leuten ähnlich sehen. Und die Leut sind solche Narren und glauben's ihnen.

HERDER: Was verlangst du denn.

LENZ: Ich will nicht hinterherzeichnen – oder gar nichts. Wenn Ihr wollt Herr, stell ich Euch gleich ein paar Menschen hin, wie Ihr sie da so vor Euch seht. Was den Alten galt mit ihren Leuten, soll uns doch auch gelten mit unseren.

HERDER *gütig:* Probiert's einmal.

LENZ *kratzt sich in den Kopf:* Ja da müßt ich einen Augenblick allein sein.

HERDER: So geh in deinen Winkel, und wenn du fertig bist, bring mir's.

Lenz kommt und bringt einen Menschen nach dem andern keichend und stellt sie vor sie hin.

HERDER: Mensch, die sind viel zu groß für unsre Zeit.

LENZ: So sind sie für die kommende. Sie sehn doch wenigstens ähnlich. Und Herr! die Welt sollte doch auch itzt anfangen, größere Leute zu haben als ehemals. Ist doch solang gelebt worden.

LESSING: Eure Leute sind für ein Trauerspiel.

LENZ: Herr was ehmals auf dem Kothurn ging sollte doch heutzutag mit unsern im Soccus reichen. Soviel Trauerspiele sind doch nicht umsonst gespielt worden, was ehmals grausen machte, das soll uns lächeln machen.

LESSING: Und unser heutiges Trauerspiel?

LENZ: O da darf ich mal nicht nach heraufsehn. Das hohe Tragische von heut, ahndet ihr's nicht? Geht in die Geschichte, seht einen emporsteigenden Halbgott auf der letzten Staffel seiner Größe gleiten oder einen wohltätigen Gott schimpflich sterben. Die Leiden griechischer Helden sind für uns bürgerlich, die Leiden unserer sollten sich einer verkannten und duldenden Gottheit nähern. Oder führtet ihr Leiden der Alten auf, so wären es biblische, wie dieser tat *(Klopstock ansehend)*, Leiden wie der Götter, wenn eine höhere Macht ihnen entgegenwirkt. Gebt ihnen alle tiefe, voraussehende, Raum und Zeit durchdringende Weisheit der Bibel, gebt ihnen alle Wirksamkeit, Feuer und Leidenschaften von Homers Halbgöttern, und mit Geist und Leib stehn eure Helden da. Möcht ich die Zeiten erleben!

KLOPSTOCK: Gott segne dich.

GOETHE *springt von hinten zu und umarmt ihn:* Mein Bruder.

LENZ: Wär' ich alles dessen würdig! Laßt mich in meinen Winkel. *Auf dem halben Wege steht er still und betet.* Zeit! du große Vollenderin aller geheimen Ratschlüsse des Himmels, Zeit, ewig wie Gott, allmächtig wie er, immer fortwirkend immer verzehrend, immer umschaffend erhöhend vollendend – laß mich – laß mich's erleben. *Ab*.

KLOPSTOCK, HERDER und LESSING: Der brave Junge. Leistet er nichts, so hat er doch groß geahndet.

GOETHE: Ich will's leisten. –

Eine Menge junger Leute stürmen herein mit verstörten Haaren: Wir wollen's auch leisten. *Bringen mit Ungestüm Papier her, Farben her, schmieren Figuren zusammen, heben die Papiere hoch empor.* Sind sie das nicht?

GOETHE: Hört lieben Kinder! ich will euch eine Fabel erzählen. Als Gott der Herr Adam erschuf, macht' er ihn aus Erde und Wasser sehr sorgfältig, bildete all seine Gliedmaßen, seine Eingeweide, seine Adern, seine Nerven, blies ihm einen lebendigen Odem in die Nase, da ging der Mensch herum und wandelte und freute sich und alle Tiere hatten Respekt vor ihm. Kam der Teufel, sagte: Ei was eine große Kunst ist denn das, solche Figuren zu machen, darf ich nur ein bissel Mörtel zusammenkneten und darauf blosen, wird's gleich herumgehn und leben und die Tiere in Respekt erhalten. Tät er dem auch also, pappte eine Menge Leim zusammen, rollt's in seinen Händen, behaucht' und begeiferte es, blies sich fast den Othem aus, fu fi fi fu – aber geskizzen wor nit gemolen.

LETZTER AKT

GERICHT

Nacht. Geister. Stimmen.

ERSTE STIMME: Ist Tugend der Müh wert?

ZWEITE STIMME: Machen Künst und Wissenschaften besser?

EINE MENGE GEISTER *rufen:* Tugend ist der Müh nicht wert.

EINE MENGE GEISTER *rufen:* Künst und Wissenschaften machen schlechter.

WELTGEIST: Eßt, liebt und streitet! euer Lohn ist sicher.

EWIGER GEIST: Euer Lohn ist klein. – Schaut an Klopstock, der auf jene steinigten Pfade Rosen warf. Der muß tugendhaft gewesen sein, der von gegenwärtigem Genuß auf seine Brust hinverweisen kann, auf sein Auge gen Himmel gewandt. Schaut an Herdern, der jene Labyrinthe mit einem ebnen Wege durchschnitt die nur immer um Künste herum, nie zur Kunst selber führten. Tausend Unglücklichen Verirrten ein Retter, die sonst nicht wußten wo sie hinaus wollten und in dieser tödlichen Ungewißheit an Felsenwänden kratzten. – Wer von euch schweigt, bekennt, er sei nicht fähig euch zu loben. Schweig, Säkulum!

LENZ *aus dem Traum erwachend, ganz erhitzt:* Soll ich dem kommenden rufen?

(WuBr 1, S. 247-271)

Wo bist du itzt, mein unvergeßlich Mädchen,
Wo singst du itzt?
Wo lacht die Flur? wo triumphiert das Städtchen
Das dich besitzt?

Seit du entfernt, will keine Sonne scheinen
Und es vereint
Der Himmel sich, dir zärtlich nachzuweinen
Mit deinem Freund

All unsre Lust ist fort mit dir gezogen
Still überall
Ist Stadt und Feld – Dir nach ist sie geflogen
Die Nachtigall

O komm zurück! Schon rufen Hirt und Herden
Dich bang herbei.
Komm bald zurück! sonst wird es Winter werden
Im Monat Mai.

(WuBr 3, S. 95 f.)

Ach bist du fort? Aus welchen güldnen Träumen
Erwach' ich itzt zu meiner Qual?
Kein Bitten hielt dich auf, du wolltest dich nicht säumen
Du flogst davon – zum zweitenmal

Zum zweiten Mal sah ich dich Abschied nehmen
Dein göttlich Aug' in Tränen stehn,
Für deine Freundinnen – des Jünglings stummes Grämen
Blieb unbemerkt, ward nicht gesehn

O warum wandtest du die holden Blicke
Beim Abschied immer von ihm ab
O warum ließest du ihm nichts, ihm nichts zurücke
Als die Verzweiflung und das Grab?

Wie ist die Munterkeit von ihm gewichen.
Die Sonne scheint ihm schwarz, der Boden leer,
Die Bäume blühn ihm schwarz, die Blätter sind
                                            verblichen
Und alles welket um ihn her

Er läuft in Gegenden, wo er mit dir gegangen
Im krummen Tal, im Wald, am Bach –
Und findet dich nicht mehr, und weinet voll Verlangen
Und voll Verzweiflung dort dir nach

Dann in die Stadt zurück, doch die erweckt ihm Grauen.
Er findet dich nicht mehr, Vollkommenheit!
Ein andrer mag nach jenen Puppen schauen
Ihm sind die Närrinnen verleidt

O laß dich doch, o laß dich doch erflehen
Und schreib ihm einmal nur – ob du ihn liebst –
Ach oder laß ihn nie dich wieder sehen
Wenn du ihm diesen Trost nicht gibst.

Wie? nie dich wiedersehn? – entsetzlicher Gedanke!
Ström alle deine Qual auf mich

Ich fühl' ich fühl' ihn ganz – es ist zuviel – ich wanke –
Ich sterbe Grausame – für dich –

(WuBr 3, S. 96 f.)

DIE LIEBE AUF DEM LANDE

Ein wohlgenährter Kandidat
Der nie noch einen Fehltritt tat,
Und den verbotnen Liebestrieb
In lauter Predigten verschrieb,
Kehrt einst bei einem Pfarrer ein,
Den Sonntag sein Gehülf zu sein.
Der hatt' ein Kind, zwar still und bleich
Von Kummer krank, doch Engeln gleich
Sie hielt im halberloschnen Blick
Noch Flammen ohne Maß zurück,
All itzt in Andacht eingehüllt,
Schön wie ein marmorn Heiligenbild.
War nicht umsonst so still und schwach,
Verlaßne Liebe trug sie nach.
In ihrer kleinen Kammer hoch
Sie stets an der Erinnrung sog
An ihrem Brotschrank an der Wand
Er immer, immer vor ihr stand,
Und wenn ein Schlaf sie übernahm
Im Traum er immer wieder kam.
Für ihn sie noch ihr Härlein stutzt,
Sich, wenn sie ganz allein ist, putzt,
All ihre Schürzen anprobiert
Und ihre schönen Lätzchen schnürt,
Und von dem Spiegel nur allein

Verlangt er soll ein Schmeichler sein.
Kam aber etwas Fremds ins Haus
So zog sie gleich den Schnürleib aus,
Tat sich so schlecht und häuslich an,
Es übersah sie jedermann.
Zum Unglück unserm Pfaffen allein
Der Lilie Nachtglanz leuchtet ein,
Obschon sie matt am Stengel hing.
Früh eh er in die Kirche ging
Er sehr eräschert zu ihr trat
Und sie – um ein Glas Wasser bat –
Denn laut er auf der Kanzel schreit
Man hört ihn auf dem Kirchhof weit
Und macht solch einen derben Schluß
Daß Alt und Jung noch weinen muß,
Und der Gemeinde Sympathie
Ergriff zu allerletzt auch sie –
's ging jeder wie gegeißelt fort –
Der Kandidat ward Pfarr am Ort.

Obs nun die Dankbarkeit ihm tat,
Ein's Tags er in ihr Zimmer trat,
Sehr holde Jungfrau, sagt er ihr,
Ihr schickt Euch übel nicht zu mir.
Ihr seid voll Tugend und Verstand,
Ihr habt mein Herz, da nehmt die Hand –
Sie sehr erschrocken auf den Tod
Ward endlich einmal wieder rot,
»Ach lieber Herr – – mein Vater – ich –
Ihr findet Bessere als mich
Ich bin zu jung – ich bin zu alt –«
Der Vater kroch hinzu und schalt,
Und kündigt Stund und Tag und Mann

Ihr mit gefaltnen Händen an.
Wer malet diesen Kalchas mir
Und dieses Opfers Blumenzier,
Wie's vorm Altar am Hochzeittag
In seiner Mutter Brautkleid lag,
Wie's unters Vaters Segenshand
Mehr litt als es sich selbst gestand;
Wie's dumpf, nur ahndend seine Pflicht
Entzog den Qualen sein Gesicht,
Und tausend Nattern in der Brust
Zum Dienste ging verhaßter Lust.

Ach Männer, Männer seid nicht stolz
Als wärt nur ihr das grüne Holz,
Der Weiber Güt' und Duldsamkeit
Ist grenzenlos wie Ewigkeit.
Sie fand an ihrem Manne nun
All seinem Reden, seinem Tun
An seiner plumpen Narrheit gar
Noch was das liebenswürdig war
Sie dreht' und rieb so lang dran ab,
Bis sie ihm doch ein Ansehn gab,
Und wenn's ihr unerträglich kam
Nahm sie's als Zucht – für ihren Gram.

Ihr einzig Gut auf dieser Welt
Der Engel noch für Sünde hält.
Dem Mann gelind, sich selber scharf
Sie – Gott – nicht einmal weinen darf,
Sie kommt und bringt ihr Auge klar
Als sein geraubtes Gut ihm dar,
Und wenn er schilt und brummt und knirrt
Ihr leichter um das Herze wird,

Doch wenn er freundlich herzt und küßt
Für Unruh sie des Todes ist.

Denn immer, immer, immer doch
Schwebt ihr das Bild an Wänden noch,
Von einem Menschen, welcher kam
Und ihr als Kind das Herze nahm.
Fast ausgelöscht ist sein Gesicht,
Doch seiner Worte Kraft noch nicht
Und jener Stunden Seligkeit
Ach jener Träume Würklichkeit
Die, angeboren jedermann,
Kein Mensch sich würklich machen kann.

(WuBr 3, S. 97-100)

FREUNDIN AUS DER WOLKE

Wo, du Reuter,
Meinst du hin?
Kannst du wähnen
Wer ich bin?
Leis' umfaß ich
Dich als Geist,
Den dein Trauren
Von sich weist.
Sei zufrieden
Göthe mein!
Wisse, ietzt erst
Bin ich dein;
Dein auf ewig
Hier und dort –

Also wein mich
Nicht mehr fort.
(WuBr 3, S. 100)

IN EINEM GÄRTCHEN AM CONTADE
als der Dichter gebadet hatte
mit Bleifeder auf eine Karte geschmiert

Erlaube mir du freundlichster der Wirte
Du Bild der Gottheit, daß ich diese Myrte
Verflecht' in dein verzoddelt Haar.
In deinem Gärtchen das du selbst erzogen
Sing ich für dich was Hunderte gelogen
Beatus ille – und was keiner war.

Für meine funfzehn Sols nehm' ich die Stelle
Von dir auf eine Stunde ein. –
Denn sieh, ich komm' aus Aganippens Quelle
Und bin von jeder Sorge rein
Von jeder Leidenschaft. In diesem Augenblicke
Schickt mich die Gottheit her dir zuzusehn
Ganz Herz und Ader für dein Glücke
Und find' es unaussprechlich schön.

Das muß gesungen sein. Da alles singet
In unsern Tagen, schwieg ich lang.
Die Freude dacht ich welche klinget
Verliert sich schneller als ihr Klang.
Doch deine stille Lust die niemand neidet
Die niemand fühlt als du allein und ich
Wird die mit einem Lied umkleidet,
Erhöht vielleicht – verbessert sich.

Was hält mich ab, mein Liedel dir zu zeigen?
Ach du verstehst es nicht – doch zeig ich's hier
Den Bäumen die wie du ihr Glück verschweigen.
Heut abend sitz hieher, dann rauschen sie es dir.

(WuBr 3, S. 104 f.)

ÜBER DIE DEUTSCHE DICHTKUNST

Hasch ihn, Muse, den erhabnen Gedanken –
Es sind ihrer nicht mehr,
Ihre Schwestern haben die Griechen und Römer
Und die Hetrurier weggehascht,
Und die meisten ergriffen die kühnen Briten,
Und Shakespear an ihrer Spitze,
Und trugen sie alle fort wie der Sabiner sein Mädchen.
Mancher brauchte sie zum andernmal,
Aber sie waren nicht mehr Jungfraun.

O traure, traure Deutschland,
Unglücklich Land! zu lange brach gelegen!
Deine Nachbarinnen blühen um dich her voll Früchte
Wie goldbeladne Hügel um einen Morast,
Wie junge kinderreiche Weiber
Um ihre älteste Schwester,
Die alte Jungfer blieb.

O Homer, o Ossian, o Shakespear,
O Dante, o Ariosto, o Petrarca,
O Sophokles, o Milton, o ihr untern Geister –
O ihr Pope, ihr Horaz, ihr Polizian, ihr Prior, ihr Waller,
Gebt mir tausend Zungen für die tausend Namen,

Und jeder Name ist ein kühner Gedanke –
Ein Gedanke – tausend Gedanken
Unsrer heutigen Dichter wert.

Deutschland, armes Deutschland,
Die Kunst trieb kranke Stengel aus deinem Boden,
Höchstens matte Blüten,
Die an den Ähren hingen vom Winde zerstreut,
Und in der Hülse, wenn's hoch kam,
Zwei Körner Genie
Wenn ich dichte und – –

O ich schmeichelte mir viel,
Als nur dunkles Morgenrot
Von dem braunen Himmel um mich lachte;
Junge Blume, so dacht' ich,
O was fühlst du für Säfte emporsteigen,
Welche Blume wirst du blühen am Tage,
Deutschlands Freude und Lieflands Stolz.

Als es aber Tag um mich ward,
Kroch meine Blüte voll Scham zurück,
Denn ich sah neben mir auf meinen Beeten Schwestern
Mit wohlriechenden Busen düften,
Mit bescheidener Röte lächeln.

Aber als der Mittag nieder auf mich sah,
Und ich auf benachbarten Beeten
Fremder Blumen himmlischer Zier
Mit englischem Aushauch verbunden erblickte
Wunder den Augen der Nase den Sinnen
Süßes Wunder selbst dem stolzen kalten Verstande.

O da fühlt' ich, auf einem Sandkorn
Stehe meine Wurzel, ein Regentropfe
Sein alle meine Säfte, ein Schmetterlings Flügelstäubchen
Aller meiner Schönheit Zier –

– Nehmt sie an meine Zither
Eichen von Deutschland und laßt von Petrarchen
Einen Ton ihre schnarrenden Saiten berühren
Daß er mir ein Grablied singe –

Unberühmt will ich sterben
Will in ödester Wüste im schwarzen Tale mein Haupt hin
Legen in Nacht – kein Chor der Jünglinge soll um das
                                                    Grab des Jünglings
Tanzen, keine Mädchen Blumen drauf gießen
Kein Mensch drauf weinen Tränen voll Nachruhm
Weil ich so verwegen – so tollkühn gewesen
Weil auch ich es gewagt zu dichten

Und du mein Genius wenn Gott mich würdig hielt
Einen mir zum Geleit zu geben
Schütze treuer Gefährte des Lebens
Schütze mein einsames Grab
Daß kein Blick aus dem Reiche der Seligen
Von Shakespears brennendem Auge
Oder dem düsterleuchtenden Auge Ossians
Oder dem rotblitzenden Auge Homers
Sich auf dasselbe verirre
Damit sich meine Asche am Grabe nicht empöre
Für Scham, daß auch ich einst wagte zu dichten.

(WuBr 3, S. 115-117)

NACHTSCHWÄRMEREI

Ach rausche rausche heiliger Wasserfall
Rausche die Zeiten der Kindheit zurück in mein
Gedächtnis
Da ich noch nicht entwöhnt von deinen Brüsten
Mutter Natur mit dankbar gefühliger Seele
Dir im Schoß lag dich ganz empfand
Schämst du dich Wange von jenen Flammen zu brennen
Schämst du dich Auge, von jenen geheimen Zähren
Jenen süßen süßesten alle meiner Zähren
Wieder still befeuchtet zu werden?
Nein so hab ich, so hab ich die Menschheit
Noch in der wilden Schule der Menschen
Nein so hab ich sie noch nicht verlernt.
Kann gleich mein Geist mit mächtigeren Schwunge
Unter die Sterne sich mischen die damals
Nur als freundliche Funken mich ganz glücklich
Ganz zum Engel lächelten.
Aber itzt steh ich, nicht lallendes Kind mehr
Itzt steh ich dar ein brennender Jüngling
Blöße mein Haupt vor dem Unendlichen
Der über meiner Scheitel euch dreht
Denk ihn, opfr ihm in seinem Tempel
All meine Wünsche mein ganzes Herz.
Fühle sie ganz die große Bestimmung
All diese Sterne durchzuwandern
Zeuge dort seiner Macht zu sein.
O wenn wird er, wenn wird er der glücklichste der Tage
Unter allen glücklichen meines Lebens
Wenn bricht er an, da ich froher erwache
Als ich itzt träume – o welch ein Gedanke
Gott! – noch froher als itzt! ists möglich

Hast du soviel dem Menschen bereitet
Immer froher – tausendmal tausend
Einen nach dem andern durchwandern und –

　　　　　　　　　　　　　immer froher
O da verstumm ich – und sink in Nichts
Schaffe mir Adern du Allmächtiger dann! und Pulse
Die dir erhitzter entgegen fliegen
Und einen Geist der dich stärker umfaßt.
Herr! meine Hoffnung! wenn die letzte der Freuden
Aus deiner Schale ich hier gekostet
Ach dann – wenn nun die Wiedererinnrung
Aller genossenen Erdenfreuden
Unvermischt mit bitterer Sünde
Wenn sie mich einmal noch ganz überströmt
Und dann, plautz der Donner mir zu Füßen
Diese zu enge Atmosphäre
Mir zerbricht, mir Bahn öffnet, weiter –
In deinen Schoß Unendlicher
Ach wie will ich, wie will ich alsdenn dich
Mit meinen Glaubensarmen umfassen
Drücken an mein menschliches Herz
Laß nur ach laß gnädig diesen Anteil von Erde
Diese Seele von Erde mich unzerrüttet
Ganz gesammlet dir darbringen zum Opfer
Und dein Feuer verzehre sie. –
Ach dann seht ihr mich nicht mehr teure Freunde
Lieber Göthe! der Freunde erster
Ach dann siehst du mich nicht mehr.
Aber ich sehe dich, mein Blick dringt
Mit dem Strahl des Sterns zu dem ich eile
Noch zum letztenmal an dein Herz
An dein edles Herz. – Albertine
Du auch, die meiner Liebe Saite

Nie laut schallen hörtest, auch dich
Auch dich seh ich, segne dich – wär ich
Dann ein Halbgott dich glücklich zu machen
Die du durch all mein verzweiflungsvoll Bemühen
Es nicht werden konntest – die du vielleicht es wardst
Durch dich selbst – ach die du in Nacht mir
Lange lange drei furchtbare Jahre
Nun versunken bist – die ich nur ahnde –
Euch mein Vater und Mutter – Geschwister
Freunde Gespielen – fort zu vielfache Bande
Reißt meine steigende Seele nicht wieder
Nach der zu freundlichen Erde hinab. –
Aber ich sehe dich dort meine Doris
Oder bist du vielleicht – trüber Gedanke!
Nein du bist nicht zurückgekehrt
Nein ich sehe dich dort ich will in himmlischer
                                      Freundschaft

Mit dir an andern Quellen und Büschen
Sternenkind! ach wie wollen wir Kinder
Hand in Hand dort spazieren gehn! –
Aber Göthe – und Albertine –
Nein ihr reißt mich zur Erde hinunter
Grausame Liebe! ihr reißt mich hinunter.
Reißt denn Geliebte! reißt denn ich folge
Reißt – und macht mir die Erde zum Himmel.

(WuBr 3, S. 119-121)

DER WASSERZOLL
Denkmal der Freundschaft

Ihr stummen Bäume, meine Zeugen,
Ach käm' er ungefähr
Hier wo wir saßen wieder her:
Könnt' ihr von meinen Tränen schweigen?

(WuBr 3, S. 122)

[AN DIE SONNE]

Seele der Welt unermüdete Sonne
Mutter der Liebe, der Freuden, des Weins
Ach ohne dich erstarret die Erde
Und die Geschöpfe in Traurigkeit.
Und wie kann ich von deinem Einfluß
Hier allein beseelt und beseligt
Ach wie kann ich den Rücken dir wenden.

Wärme Milde! mein Vaterland
Mit deinem süßesten Strahl, nur laß mich
Ach ich flehe, hier dir näher,
Nah wie ein Adler dir bleiben

(WuBr 3, S. 137)

DIE ERWACHENDE VERNUNFT

Du nicht glücklich? stolzes Herz,
Was für Recht hast du zum Schmerz?

Ists nicht Glück genug für dich
Daß sie da ist, da für sich?

(WuBr 3, S. 171)

Süsse Schmerzen meiner Seele,
Angenehme Pein,
Und doch muß bei dem Gequäle,
Die Seele heiter sein.
Muß geliebt von allem was auf Erden,
Liebenswert und heilig ist
Seiner Sehnsucht Opfer werden,
Wie mein Bruder! du es bist.

(WuBr 3, S. 171)

TANTALUS
Ein Dramolet, auf dem Olymp

Apoll und Merkur kommen heraus.

MERKUR:
War das nicht eine herrliche Jagd,
Apoll, das mußt du doch gestehen,
Der Sterbliche hat uns Spaß gemacht!
APOLL:
Er schnitt doch der Juno gegenüber,
Eine Figur, als hätt ers Fieber.
Zeus, den kützelt' es innerlich –
Aber sag mir, entzaubere mich.
Wo führt' ihn das böse Wetter
Zu uns herauf an die Tafel der Götter?

MERKUR:

Still, der Einfall kommt von mir.
Wollten Juno ein wenig pikieren,
Und Vater Jupitern desennuyieren,
War ja alles so traurig hier.

APOLL:

Ha ha ha! wie er da saß beklommen
Ganz in Nektar und Lieb verschwommen.
In ihrer Blicke Widerschein
Meint' er Jupiter selber zu sein.

MERKUR:

Nein, aber darüber ging doch nichts,
Der Meisterstreich, den er ausgehen ließ,
Du hast es ja gesehn – der Schnitt des Gesichts,
Als er mit Zeus die Gesundheit stieß.

APOLL:

Die Gesundheit mit Zeus – wie ist das zu verstehn?

MERKUR:

Ei so hast du ja nichts gesehn!
Vater Zeus, Vulkanen zu scheren,
Stieß mit Mars die Gesundheit an:
Der schönsten Frau vom frömmsten Mann!
Meister Tantalus stieß mit an.
Der Donnerer durfte sein Glas nicht leeren,
Der ganze Olymp schien bestürzt voll Verdruß,
Nur nicht Meister Tantalus.

APOLL:

Was sagte Juno?

MERKUR:

Was sollte sie sagen?
O das ist noch nicht genug.
Hast du denn nichts gehört, man schlug
Beim Nachtisch einen Spaziergang vor,

Mein Tantalus über und über Ohr
Als Juno sagte, sie wollte im Garten
Die andern Göttinnen um zehne erwarten,
Sie setzte spöttisch hinzu: es ist warm,
Herr Tantalus gibt euch vielleicht den Arm.
Mein Tantalus nahm's in Ernst und bückte
Bis unter den Tisch sich, rückte und rückte
Den Stuhl – daß alles für Lachen erstickte.
Bis ihn Juno zurechte wies,
Es sei ihr Ernst nicht – und er's ließ.

APOLL:

O still, nun weiß ich, warum mit dem Alten
Cupido vorhin Kriegsrat gehalten.
Sie wollten eine Wolke staffieren,
Ihn, wenn er heimging', zu intrigieren.
Still, da kommt er selber ja wohl,
Wenn ich nicht irre –

MERKUR:

      Er ists Apoll!

TANTALUS *tritt auf:*
Merkur und Apoll halten sich seitwärts ihm zuzuhorchen.
In dieser freundlichen Sommernacht
Wo außer Feuerwürmchen und Heimchen
Kein Geschöpf mehr neben mir wacht,
Niemand mich hört, als Myrtenbäumchen
Und die stillen Schauer der Nacht:
Hier wird es doch erlaubt sein, das endlose Grauen
Die entzückende Beklemmung meines Herzens
Den ganzen Himmel meines Schmerzens
Nur mit einem Blick zu überschauen,
Und dir Allmutter Natur, zu vertrauen.
Ich liebe – darf ich mir selber es sagen?
Wohin die verirrteste Phantasei,

Wohin der Titanen Waghälserei
Nie kühn genug war, sich hinzuwagen,
Wagt mein verräterisch Herz sich hin,
Ich liebe der Götter Königin.
Es ist gesagt, ihr hörtet es Götter!
Auf denn, führt die rächenden Wetter
Über mein schuldiges sterbliches Haupt,
Euch ist die grausame Lust erlaubt.
Ihr selbst fachtet sie an diese Flammen,
Ihr die ihr darin Trost suchen müßt,
Das an andern zu verdammen,
Was euer Lieblingsverbrechen ist.
Da spart euren Witz in Erfindung der Strafen.
Was euch unerträglich deucht,
Ist gegen die Qualen, die hier noch schlafen,
Die ihr nicht ahnden könnt, federleicht.
Empfandt ihr je verzweifelnde Triebe
Reicht eure Phantasei dahin?
Ich bin ein Sterblicher und ich liebe
Liebe der Götter Königin.
Indem er sich umwendet, wird er eine Wolke gewahr,
in Junos Bildung.
Sie ists – sie ist es selbst – o Himmel und Erde!
Sie hat es gehört das verwegne Geständnis,
Ihr Blick wird mich töten, sie hat es gehört.
Sie sieht mich nicht. Im hohen Selbstgenusse
Lustwandelnd unterm Schleier der Nacht
Froh wie es scheint, daß unter ihrem Fuße
Die Erde schläft und kein Geschöpf mehr wacht,
Das sich zu ihrem Dienst bemühte.
Hier wacht noch eins, unendliche Güte
In seliger Qualentrunkenheit –
Sie wendet sich – O hat Mnemosyne

Endymions Schicksal nicht geweiht?
O alle Strafen die ich verdiene
Gegen eine mitleidige Miene
Gegen einen Blick, der mir verzeiht –
Sie nähert sich – Kam sie wohl, weil die Nacht
Alle Verhältnisse ähnlicher macht?
Er will sich ihr zu Füßen werfen.
Himmlische Güte! verzeihe, verzeihe,
Jetzt oder nie, der Bewunderung
Des Entzückens verwegenstem Schwung.
Das Bild verschwindet.
Ha du fliehst mich – Ungetreue!
Götter was sprach ich? – Lästerung!
Mein Freundin – die schlafende Erde
Ha ich fühls, bebt auf unter mir,
Macht sich geflügelt auf, ich werde
Bald auf ewig verschlungen von ihr.
Ach auf ewig entfernt von dir
In des Orkus Abgründe sinken,
Zur Vollendung meiner Pein
Lethens kalte Fluten trinken,
Und ohne Mitleid elend sein. –
Wars nur ein Bild meiner Phantasei?
Es ist verschwunden. Nimmer, nimmer!
Meine Tränen, mein Geschrei
Meine Verzweiflung zieht sie herbei.
Das Bild erscheint wieder. Er zieht eine Tafel heraus und fängt an,
es abzuzeichnen.
Leitet meine Züge, leitet,
Ihr von uns gefeierten Spötter
Unsrer Leiden, die ihr bereitet,
Meine Züge, selige Götter!
Laßt durch keine Künstelein

Eure Zierde mich entweihn.
Indem er zeichnet, verschwindet das Bild.
O muß ich elend denn vor soviel Reizen stehn,
Und, hasch' ich nach, sie spottend fliehen sehn?
Ists möglich, elend in dem Grade!
Im Angesicht so vieler Seligkeit
Erzürnte Götter! Gnade, Gnade!
Nur einen Augenblick, bis ich sie konterfeit!
Das Bild erscheint wieder; er zeichnet es nach.
Lasset euren Zorn erweichen,
Große Götter, hört mein Flehn,
Laßt mich dieses Bild erreichen
Wenn ich wert war, es zu sehn.
Ach ich solls euch wiedergeben
All mein Glück wird mir entwandt.
Strenge Götter! nehmt mein Leben,
Oder führet mir die Hand.
Nein, ihr hört mich nicht, Tyrannen
Ihr beneidt dies Bildnis mir
Weil es milder ist als ihr,
Weil ihm meine Tränen rannen,
Weil es meinen Geist erhebt,
Daß er euch zu nahe schwebt.
Lasset euren Zorn erweichen,
Große Götter, hört mein Flehn,
Laßt mich dieses Bild erreichen,
Wenn ich wert war, es zu sehn.
Das Bild verschwindet abermals.
Er ist außer sich.
Götter – *sich an die Stirne schlagend.*
AMOR *erscheint:*
Ei, wie so fleißig Herr Tantalus?
Weisen Sie doch her, was gibts da wieder?

Ich hörte, Sie riefen um Hülfe, drum stieg ich
Aus meiner Mutter Schoß hernieder,
Ich dachte, was Ihnen begegnet sein muß!
Fehlt Ihnen was?

TANTALUS:

               Ich bin verloren
Ich bin zum Unglück bestimmt, geboren –

AMOR:

Haben Sie was –

TANTALUS:

              zu Qual und Leid –

AMOR:

Haben Sie was abkonterfeit?

TANTALUS:

Bin ich geboren, bin ich erkoren

AMOR:

Haben Sie etwa was verloren?
Vielleicht im Monde? – Ich helf' Ihnen suchen.
Hören Sie, weil Sie so artig fluchen –
Mein Vater ist ganz bezaubert davon,
Sie wissen, Zeus ist ein Mann vom Ton –
Läßt er Sie ganz ergebenst ersuchen,
Sie möchten ihm künftig die Ehre erweisen,
Alle Tage mit ihm zu speisen,
Mit ihm und Juno –

TANTALUS:

             Unsterblicher Retter!
Ewig sei dir, schönster der Götter,
Meiner Entzückungen Dank gebracht.

AMOR:

Aber nehmen Sie ja sich in Acht,
Nichts anzurühren, was Ihr nicht gehöret,
Nichts anzusehn, was Ihre Ruhe störet,

Nachweis der Erstdrucke

Ausführliche Angaben zu den Erstdrucken (E), auch der Briefe, finden sich im Kommentar der Lenz-Ausgabe von Sigrid Damm.

Der Waldbruder. Ein Pendant zu Werthers Leiden – E: Die Horen, hg. von Friedrich Schiller, Jahrgang 1797, Viertes Stück, S. 85-102; Fünftes Stück, S. 1-30.

Über Götz von Berlichingen – E: Erich Schmidt: Lenziana, in: Sitzungsberichte der Königlich Preußischen Akademie der Wissenschaften zu Berlin, Bd. XLI (1901), S. 994-996.

Briefe über die Moralität der Leiden des jungen Werthers – E: Briefe über die Moralität der Leiden des jungen Werthers. Von J. M. R. Lenz. Eine verloren geglaubte Schrift der Sturm-und Drangperiode aufgefunden und herausgegeben von L. Schmitz-Kallenberg, Münster i. W. 1918.

Pandämonium Germanikum – E: Jakob Michael Reinhold Lenz. Werke und Schriften, hg. von Britta Titel und Hellmut Haug, 2 Bände, Stuttgart 1966-1967, Bd. 2, S. 249-277. Korrektur des Titels nach: Jakob Michael Reinhold Lenz: Pandämonium Germanikum. Eine Skizze. Synoptische Ausgabe beider Handschriften. Mit einem Nachwort hg. v. Matthias Luserke u. Christoph Weiß. St. Ingbert 1993. (= Kleines Archiv des achtzehnten Jahrhunderts, Bd. 17).

Lyrik

Wo bist du itzt? – Vgl. Damm WuBr 3, S. 785 f.

Ach bist du fort? – Vgl. Damm WuBr 3, S. 786.

Die Liebe auf dem Lande – E: Musen-Almanach für das Jahr 1798, hg. von Friedrich Schiller, S. 74 ff.

Freundin aus der Wolke – E: Iris IV, Juli 1775, S. 72.

In einem Gärtchen am Contade – E: Göttinger Musenalmanach für 1778, hg. von Voß, S. 122 f.

Über die deutsche Dichtkunst – E: Gesammelte Schriften von J. M. R. Lenz, hg. von Ludwig Tieck, 3 Bände, Berlin 1828, Bd. III, S. 254 ff.

Nachtschwärmerei – E: Aus F. H. Jacobi's Nachlaß. Ungedruckte Briefe von und an Jacobi und andere. Nebst ungedruckten Gedichten von Goethe und Lenz, hg. von Rudolf Zoeppritz, 2 Bände, Leipzig 1869, Bd. II, S. 314 ff.

Der Wasserzoll – E: Iris IV, 1775, S. 147.

An die Sonne – E: Baltische Monatsschrift IX, 1864, S. 521.

Die erwachende Vernunft – E: Tieck Bd. III, S. 246.

Süsse Schmerzen meiner Seele – E: Tieck Bd. III, S. 246 f.

Tantalus – E: Musen-Almanach für das Jahr 1798, hg. von Friedrich Schiller, S. 224 ff.

Goethe
im insel taschenbuch
Eine Auswahl

Briefe aus dem Elternhaus. Herausgegeben und mit drei Essays eingeleitet von Ernst Beutler. it 1850. 1068 Seiten

Dichtung und Wahrheit. Mit zeitgenössischen Illustrationen, ausgewählt von Jörn Göres. it 150. 1120 Seiten

Faust. Erster Teil. Nachwort von Jörn Göres. Mit Illustrationen von Eugène Delacroix. it 50. 273 Seiten

Faust. Zweiter Teil. Mit Federzeichnungen von Max Beckmann. Mit einem Nachwort zum Text von Jörn Göres und zu den Zeichnungen von Friedhelm Fischer. it 100. 492 Seiten

Faust. Erster und zweiter Teil. Herausgegeben und mit einem Nachwort versehen von Jörn Göres. it 2283. 760 Seiten

Faust. Urfaust / Faust. Ein Fragment / Faust. Eine Tragödie. Paralleldruck der drei Fassungen. Herausgegeben von Werner Keller. Zwei Bände. it 625. 690 Seiten

Goethe-Lesebuch. Eine repräsentative Auslese aus Werken, Briefen und Dokumenten. Herausgegeben und mit einem Nachwort von Katharina Mommsen. it 1375. 384 Seiten

Goethes Briefwechsel mit einem Kinde. Von Bettine von Arnim. Herausgegeben und eingeleitet von Waldemar Oehlke. Mit zeitgenössischen Abbildungen. it 767. 678 Seiten

NF 40/1/7.00

Goethes Gedanken über Musik. Eine Sammlung aus seinen Werken, Briefen, Gesprächen und Tagebüchern. Herausgegeben von Hedwig Walwei-Wiegelmann. Mit achtundvierzig Abbildungen, erläutert von Hartmut Schmidt. it 800. 262 Seiten

Hermann und Dorothea. Mit Aufsätzen von August Wilhelm Schlegel, Wilhelm von Humboldt, Georg Wilhelm Friedrich Hegel und Hermann Hettner. Mit zehn Kupfern von Catel. it 225. 199 Seiten

Italienische Reise. Mit vierzig Zeichnungen des Autors. Herausgegeben und mit einem Nachwort versehen von Christoph Michel. it 175. 808 Seiten

Tagebuch der Italienischen Reise 1786. Notizen und Briefe aus Italien. Mit Skizzen und Zeichnungen des Autors. Herausgegeben und erläutert von Christoph Michel. it 176. 402 Seiten

Die Kunst des Lebens. Aus seinen Werken, Briefen und Gesprächen zusammengestellt von Katharina Mommsen unter Mitwirkung von Elke Richter. it 2300. 180 Seiten

Leben des Benvenuto Cellini florentinischen Goldschmieds und Bildhauers. Von ihm selbst geschrieben, übersetzt und mit einem Anhange herausgegeben von Johann Wolfgang Goethe. Mit einem Nachwort von Harald Keller. Mit Abbildungen. it 525. 559 Seiten

Die Leiden des jungen Werther. Mit einem Essay von Georg Lukács. Mit einem Nachwort von Jörn Göres. Mit zeitgenössischen Illustrationen von Daniel Nikolaus Chodowiecki u.a. it 25. 231 Seiten. it 2284. 230 Seiten

Lektüre für Augenblicke. Gedanken aus seinen Büchern, Briefen und Gesprächen. Auswahl und Nachwort von Gerhart Baumann. it 1750. 177 Seiten

Lieber Engel, ich bin ganz dein! Goethes schönste Briefe an Frauen. Herausgegeben von Angelika Maass. Mit zahlreichen Abbildungen. it 2150. 486 Seiten

Märchen. Der neue Paris. Die neue Melusine. Das Märchen. Herausgegeben und erläutert von Katharina Mommsen. it 2287. 232 Seiten

Der Mann von fünfzig Jahren. Mit einem Nachwort von Adolf Muschg. it 850. 114 Seiten

Maximen und Reflexionen. Text der Ausgabe von 1907 mit den Erläuterungen und der Einleitung Max Heckers. Mit einem Nachwort von Isabella Kuhn. it 200. 370 Seiten

Novelle. Herausgegeben und mit einem Nachwort versehen von Peter Höfle. it 2625. 144 Seiten

Novellen. Herausgegeben und mit einem Nachwort versehen von Katharina Mommsen. Mit Federzeichnungen von Max Liebermann. it 425. 293 Seiten

Rameaus Neffe. Ein Dialog von Denis Diderot. Übersetzt von Goethe. Zweisprachige Ausgabe. Mit Zeichnungen von Antoine Watteau und einem Nachwort von Horst Günther. it 1675. 324 Seiten

Reineke Fuchs. Mit Stahlstichen nach Zeichnungen von Wilhelm Kaulbach. it 2564. 210 Seiten

NF 40/3/7.00

Sollst mir ewig Suleika heißen. Briefwechsel mit Marianne und Johann Jakob Willemer. Herausgegeben von Hans-J. Weitz. Mit zeitgenössischen Abbildungen. it 1475. 568 Seiten

Die Wahlverwandtschaften. Ein Roman. Erläuterungen von Hans-J. Weitz. Mit einem Essay von Walter Benjamin. it 1. 333 Seiten

Wilhelm Meisters Lehrjahre. Herausgegeben von Erich Schmitt. Mit sechs Kupferstichen von Catel. it 475. 642 Seiten it 2286. 642 Seiten

Wilhelm Meisters Wanderjahre oder die Entsagenden. Mit einem Nachwort von Adolf Muschg. it 575. 523 Seiten

Johann Wolfgang Goethe / Friedrich Schiller. Der Brief-wechsel zwischen Schiller und Goethe. Herausgegeben von Emil Staiger. it 250. 1085 Seiten

Johann Wolfgang Goethe / Friedrich Schiller. Sämtliche Balladen und Romanzen in zeitlicher Folge. Herausgegeben von Karl Eibl. it 1275. 197 Seiten

Johann Wolfgang Goethe / Christiane Vulpius. Goethes Ehe in Briefen. Der Briefwechsel zwischen Goethe und Christiane Vulpius 1792-1816. Herausgegeben von Hans Gerhard Gräf. Mit zeitgenössischen Abbildungen. it 1625. 1048 Seiten

NF 40/4/7.00

Goethes lyrische Werke

Elegie von Marienbad. it 1250. 128 Seiten

Erotische Gedichte. Gedichte, Skizzen und Fragmente.
Herausgegeben von Andreas Ammer. it 1225. 246 Seiten

Gedichte in Handschriften. Fünfzig Gedichte Goethes.
Ausgewählt und erläutert von Karl Eibl. it 2175. 288 Seiten

Gedichte in zeitlicher Folge. Eine Lebensgeschichte Goethes
in seinen Gedichten. Herausgegeben von Heinz Nicolai.
it 1400. 1264 Seiten

Goethes Liebesgedichte. Herausgegeben von Hans Gerhard
Gräf. Mit einem Nachwort von Emil Staiger.. it 275. 317 Seiten

Das Leben, es ist gut. Hundert Gedichte. Ausgewählt von
Siegfried Unseld. it 2000. 204 Seiten

Ob ich dich liebe weiß ich nicht. Liebesgedichte. Herausgegeben von Karl Eibl. Großdruck. it 2396.164 Seiten

Römische Elegien und Venezianische Epigramme.
it 1150. 85 Seiten

Verweile doch. 111 Gedichte mit Interpretationen. Herausgegeben von Marcel Reich-Ranicki. it 1775. 512 Seiten

West-östlicher Divan. Mit Essays zum »Divan« von Hugo
von Hofmannsthal, Oskar Loerke und Karl Krolow. Herausgegeben und mit Erläuterungen versehen von Hans-J. Weitz.
it 75. 400 Seiten

NF 40/5/7.00

Über Goethe
Darstellungen, Anthologien, Sammlungen

Der junge Goethe in seiner Zeit. In zwei Bänden und einer CD-ROM. Herausgegeben von Karl Eibl, Fotis Jannidis und Marianne Willems. it 2100. 1479 Seiten

Gespräche mit Goethe in den letzten Jahren seines Lebens. Von Johann Peter Eckermann. Herausgegeben von Fritz Bergemann. it 500. 955 Seiten

Essays um Goethe. Von Ernst Beutler. Erweiterte Frankfurter Ausgabe. Herausgegeben von Christian Beutler. it 1575. 1008 Seiten

Bei Goethe zu Gast. Besucher in Weimar. Herausgegeben von Werner Völker. Mit zahlreichen Abbildungen. it 1725. 172 Seiten

Goethe aus der Nähe. Berichte von Zeitgenossen. Ausgewählt und kommentiert von Eckart Kleßmann. it 1800. 552 Seiten

Goethe. Seine äußere Erscheinung. Literarische und künstlerische Dokumente seiner Zeitgenossen. Zusammengetragen von Emil Schaeffer. Überprüft und ergänzt von Jörn Göres. it 2275. 199 Seiten

Goethe und seine Zeitgenossen. Zwischen Annäherung und Realität. Von Ludwig Fertig. it 2525. 416 Seiten

Mit Goethe durch den Garten. Ein Abc für Gartenfreunde, aufgeblättert von Claudia Schmölders. Mit farbigen Illustrationen von Hans Traxler. it 1211. 137 Seiten

NF 40/6/7.00

In wenigen Jahren vollzieht sich der ...
von der engen Freundschaft zwischen Goethe
und Lenz **und den** Auftreten
Unstimmigkeiten bis ...
»Eseley« in Weimar, über ...
tergrund die Forschung immer noch
rätselt. Matthias Luserke dokumentiert die
Geschichte dieser Entzweiung anhand
ausgewählter Quellen.

Originalausgabe

ISBN 3-458-34450-0

DM 16,90

ab 01.01.2002
€ 8,50

9 783458 344506